现代农业经营
与农村社会管理

陈佩珊 ◎ 著

哈尔滨出版社
HARBIN PUBLISHING HOUSE

图书在版编目（CIP）数据

现代农业经营与农村社会管理 / 陈佩珊著. -- 哈尔滨：哈尔滨出版社，2025.1
ISBN 978-7-5484-7804-1

Ⅰ. ①现… Ⅱ. ①陈… Ⅲ. ①农业经营-研究-中国②农村-社会管理-研究-中国 Ⅳ. ①F324②C912.82

中国国家版本馆 CIP 数据核字（2024）第 070447 号

书　　名：**现代农业经营与农村社会管理**
XIANDAI NONGYE JINGYING YU NONGCUN SHEHUI GUANLI

作　　者：陈佩珊　著

责任编辑：李金秋

出版发行：哈尔滨出版社（Harbin Publishing House）

社　　址：哈尔滨市香坊区泰山路 82-9 号　邮编：150090

经　　销：全国新华书店

印　　刷：北京虎彩文化传播有限公司

网　　址：www.hrbcbs.com

E - mail：hrbcbs@ yeah.net

编辑版权热线：（0451）87900271　87900272

销售热线：（0451）87900202　87900203

开　　本：787mm×1092mm　1/16　印张：11.25　字数：196 千字

版　　次：2025 年 1 月第 1 版

印　　次：2025 年 1 月第 1 次印刷

书　　号：ISBN 978-7-5484-7804-1

定　　价：58.00 元

凡购本社图书发现印装错误，请与本社印制部联系调换。

服务热线：（0451）87900279

前　言

在当今世界，农业已经成为社会经济发展的重要支柱，而农业经营模式的创新和农村社会管理水平的提高，则是推动农业现代化的关键。当前，我国农村发展已进入到从解决温饱问题逐渐转变为以工哺农、以城带乡和城乡统筹发展的新阶段。其中，针对农村经营的主要管理内容包括社会组织、经济、政治等多个方面。在这一阶段中，强调通过实施一些农村发展项目的方式，来推动农村经济和社会发展。因此，如何正视农村发展项目，通过什么方式管理农村发展项目，是这篇文章重点探讨的重点。本书从现代农业经营与农村社会管理的实际出发，深入研究其发展规律，探讨其内在联系，力求为读者提供一套全面、系统、实用的理论与实践指导。本书共分为九个章节，主要以现代农业经营与农村社会管理为研究基点，通过本书的介绍让读者对现代农村建设及发展有更加清晰的了解，对各地区农村发展情况进行全面的调查与研究，为新农村的建设提供诸多有利因素。

目　　录

第一章　现代农业概述

第一节　现代农业的内涵

现代农业是一个多维度、综合性的概念,它涉及农业生产、农村社会、农民生活等多个方面。本部分将从以下几个方面来探讨现代农业的概念。首先,现代农业是科技创新的产物。现代农业的发展离不开科技的支撑,科技创新是现代农业的核心驱动力。现代农业要求我们运用现代科学技术,如生物技术、信息技术、新材料技术等,不断提高农业生产效率,降低农业生产成本,提高农产品的产量和品质。同时,现代农业也要求我们培养一支掌握现代农业技术的农民队伍,使他们能够运用现代农业技术,提高农业生产能力。其次,现代农业是产业化的产物。现代农业要求我们改变传统的农业生产方式,发展农业产业化经营,优化农业产业链。农业产业化经营要求我们通过种植、养殖、加工、销售等环节的有机结合,形成一条完整的农业产业链,从而提高农产品的附加值,增加农民的收入。同时,农业产业化经营也要求我们加强农业产业链的纵向和横向联系,形成一个合理的农业产业布局,推动农业产业结构的优化。再次,现代农业是社会化的产物。现代农业要求我们改变传统的农业生产方式,发展农业社会化服务体系,解决农民生产生活中的实际问题。农业社会化服务体系包括农业科技服务、农业生产服务、农产品销售服务等方面,它要求我们通过政府、企业、农民合作社等多种组织形式,为农民提供产前、产中、产后的全程服务,提高农民的组织化程度,增强农民的市场竞争力。最后,现代农业是可持续发展的产物。现代农业要求我们坚持可持续发展理念,保护农业生态环境,实现农业的可持续发展。可持续发展理念要求我们合理利用农业资源,保护农业生态环境,提高农业资源利用效率。同时,可持续发展理念也要求我们发展绿色农业、生态农业,生产出绿色、有机、安全的农产品,满足市场和消费者的需求。

第二节 现代农业的形成和发展

所谓现代农业,主要是指"二战"以后的农业,指利用现代科学技术和管理方法武装的农业。在这一阶段,农业劳动生产率明显提升,农业人口每年都在下降,然而,投入到单位面积上的资源逐年增加。

一、现代农业的生产工具

现代农业阶段,农业机械化取得巨大发展,除美国用了近 30 年的时间于1940 年基本实现农业机械化外,英国、德国、法国、加拿大、荷兰、苏联等国从20 世纪 50 年代初到 50 年代中期,意大利、日本从 60 年代初到 60 年代中期基本实现了农业机械化。在实现农业机械化的过程中,一般首先从田间作业耕翻、播种、收获等环节开始,从谷物生产逐步发展到经济作物,如果树、蔬菜、饲料等作物的生产。

农用拖拉机是农业生产中的重要动力。1965～1969 年,世界上新增拖拉机 173 万台,到 1973 年,世界拖拉机拥有量达 1 400 万台以上,同时,随着科学技术的日益进步,拖拉机的质量和结构的改进也很大。20 世纪 60 年代后期,大功率拖拉机迅速发展。到 1983 年,平均每台拖拉机功率比 1945 年增加 1.5倍,由不到 100 kW 发展到 746 kW 以上,其中 335.7 kW 以上的拖拉机用于农田作业,四轮驱动型拖拉机的拥有量已超过两轮驱动型拖拉机的 35%。大功率拖拉机有密封驾驶室,空调和液压传动装置齐备,工作十分方便。它们可带动各种复式作业,在通常认为无法作业的恶劣环境下工作。80 年代初,在美国市场上出售的农用拖拉机的功率高达 386 kW 和 478 kW,这种拖拉机可以牵引幅宽 24.4 m 的圆盘耙,可以耕地数百公顷,与此相适应,播种机、中耕机等农机具也都向宽幅、复式作业和便于自动控制操作的方向发展。

随着拖拉机的广泛应用,推动了其他农机具的改进和发展。从第二次世界大战后到 20 世纪 60 年代,各国的农业机械技术都有了很大的提高,使一些过去认为无法实现机械化的农业作业项目实现了机械化操作。1956 年,美国停止生产脱粒机,谷物收获全部采用联合收割机,联合收割机在发达国家得到普及,玉米收获机、拾捆机、饲草收割机等被制造出来。第二次世界大战前,马铃薯和甜菜等块茎作物的收获存在很大的困难,战后由于解决了区分块茎和土块的技术,发明了马铃薯和甜菜收获机。另外,到 20 世纪 50 年代末实现了马铃薯和甜菜生产的机械化,棉花生产机械化在 60 年代末也实现了。同时,苹果、李、樱桃等已经有 60%左右用机械收获,到 70 年代后期,除葡萄等少数鲜食水果和蔬菜外,绝大部分水果和蔬菜的生产已经实现了机械化。

在畜牧业技术和生产方面,除了广泛采用优良品种、品系之外,许多操作也开始实现机械化。在乳牛业,最著名的机械是挤奶器的应用。在英国,使用挤奶器的乳牛场占全国乳牛场的比例 1930 年为 2%,1970 年近 100%。在新西兰,1941 年有 86%的奶牛用机器挤奶。在荷兰,1968 年有 60%的乳牛场使用挤奶器。在绵羊业,最有名的机械技术是机械剪毛,它开始于 19 世纪,大发展于 20 世纪。在苏联使用最多的是电动机剪毛机组,在澳大利亚使用电动机剪毛机组和内燃机剪毛机组。在养鸡业,最有名的机械技术是孵化器和自动集蛋设备。早在 1900 年,美国已盛行可放置 50～200 个种鸡蛋的煤油孵化器,以后又发展成为电热孵化器,其孵化能力,1934 年为 2.4 万个,1953 年达 8万个。

在实现机械化的过程中,人工智能的研究成果也迅速应用于农业生产中。如在联合收割机中已普遍采用电子监视仪或自动控制机构,以监视籽粒散失和脱尽率,许多农用机器还采用了自动化的选择装置,通过光电效应就可以把不需要的苗株铲除。机械的智能化已成为现代农业生产工具的一个重要发展方向。

二、现代农业的生产技术

"二战"以后,除了农业机械化有了长足的发展之外,农业化学、农业水利、生物科技也有了长足的发展,这些先进的生产技术逐渐被广泛运用,确保农业可以持续稳定发展,同时,还提高了农作物的产量,农业的劳动生产率也得到了提高。

在农业化学中,化肥、农药、饲料添加剂、农用塑胶等被越来越多地运用到农业生产中。其中,化肥和农药是其核心部分。"二战"后,化肥工业发展迅速,因此,世界上所有国家都非常注重对化肥的种类和质量进行改善,比如复合肥料、长效肥料、微量元素肥料、浓缩肥料、液体肥料和缓释肥料等,这些都对农产品的产量产生了很大的影响。农药是防治农作物病虫害的一种主要手段,在过去十多年里,农药重点发展高效、低毒、无公害和广谱性农药。

在农业水利工程方面,世界各国开始重视农田的灌溉工程,并且将开放水源、节约水流、综合治理作为主要的发展方向,同时大力发展节水技术,例如滴灌、喷灌、间歇灌等。各国在节水技术的研究方面上都取得了不错的成就。在遗传育种方面,高产作物品种的培育取得重大突破,早在 20 世纪 40 年代,美国就已在生产中推广玉米杂交品种,60 年代,育种学家布劳尔在墨西哥培育出矮秆、高产、抗锈、耐肥、抗倒伏并具有广泛适应性的小麦品种,使墨西哥小麦从原来的亩产约 50 kg 提高到 250 kg;国际水稻研究所选育出矮秆、早熟、高产的 IR-8 水稻品种,在东南亚各国推广,一季稻亩产可达 600 kg,被誉为"奇迹稻"。这些矮秆、高产品种的成功培育,掀起了一场"绿色革命"。70 年代中期,中国育成了杂交稻,大幅度提高了水稻单产,开辟了提高水稻产量的新路,在世界上又掀起了杂交水稻研究和推广的热潮。一向被认为低产的作物如大豆、谷子等,由于新的高产、耐旱品种的育成并推广,也正出现高产势头。

在生物技术的育种方面,将组织与细胞培养技术、原生质体培养和体细胞杂交技术以及重组 DNA 技术,充分运用到农业生产发展中,提高了农作物的抗虫性、抗病性、抗逆性等,从中可以看出生物技术发展前景巨大。比如,用植物组织培养的方式,可以让一些需要很多年才能培养出的观赏性植物在一年时间就能培育成功,例如兰花、荔枝等,从中获得更多的经济价值。还可以选择一些没有病毒植物的茎尖组织,培养无病毒植株,运用基因工程技术,将作物中没有的外部性的基因导入作物中,能够弥补一些遗传资源方面的缺陷,还能丰富基因库。例如,通过基因枪将抗虫基因成功地转入籼稻中,从而得到了转基因植物,能够彻底消除二化螟和三化螟的初孵幼虫所带来的伤害,对稻纵卷叶螟的幼虫的杀伤力达到 50%~60%;另外,还可应用于基因工程技术,如口蹄疫苗、牛生长激素,以及动物的胚胎移植与冰冻技术等。

在病虫的防治方面,通过生物工程技术,制成生物农药,它与化学农药相比,有着得天独厚的优势,能够克服化学农药对环境的污染、危害人畜的健康、破坏生态系统等严重后果。当前,市场中商品化的杀虫剂主要有苏云金杆菌、核型多角体病毒、阿维菌素、农用抗生素等。我国的杀虫剂已经达到了国际领先的水平,主要有井冈霉素、农抗 120、公主岭霉素、灭瘟素等。除此之外,我国还陆续有了可以解决幼脲、虫脲、红铃虫、棉铃虫等问题的生物化学农药,同时,以鱼藤酮、皂素、烟碱和印楝素等产品为主的真菌类农药,也逐渐进入工业化生产。

在信息技术方面,电子计算机已应用于农牧业生产管理与自动化生产,建立了农业数据库系统、专家系统。如在作物生产管理方面,美国于1986年推出了棉花综合管理系统(COMAX)。在开发计算机网络服务方面,法国植保部门建立了一个全国范围的病虫害测报计算机网络系统,可以实时提供病虫害实况、病虫害预报、农药残毒预报和农药评价信息等。20世纪90年代以来,随着GPS(全球定位系统)、GIS(地理信息系统)、ICS(智能控制系统)人工智能技术的发展,"精确农业"开始在美国、英国、加拿大等国的农业生产中应用,并显示出了良好的发展前景,它的全部概念建筑在"空间差异"的数据采集和处理上,通过实时测知作物(畜禽)个体或小群体或平方米尺度小地块生长或防疫的实际需要,而及时确定对其针对性投入水、药、饲料等的量、质和时机,一反传统农业大群体大面积平均投入的做法,以求最佳效果和最低代价。精确农业的应用,可增加产量、提高品质、减少投入、降低成本、节约资源、减少污染、保护生态,可以预言,精确农业将是今后农业高新技术发展的重要方向。

三、现代农业的发展趋势

大力发展现代农业。首先,必须从满足人民群众对农产品量与质的需求出发。其次,要满足工业原料和能源的大量需求,提高土地产出率、劳动生产率以及资源利用率。发展现代农业,还要具有先进的发展理念、完备的物质保障、强大科技支撑力等。现代农业的发展可归纳为六个基本特点:第一,产业的融合性,主要表现为从第一产业向第二产业、第三产业的转变上,使得以往传统的农业与工业之间的本质区别变得模糊;第二,功能的多元性,指的是现代农业的发展不仅体现在农业自身所具备的功能上,还能体现其经济、社会和生态一体化的特点;第三,资源的集约化,现代农业所具有的资本、设施、科技、人才等高密度的优势,仅仅依赖于要素资源无法满足发展需求,还依赖于创新资源,例如技术、市场、信息等诸多方面;第四,对市场的敏感,现代农业的规模化、产业化和市场化程度很高,它的产业化链条在不断地被延长和扩展,对市场的敏感程度决定着现代农业的发展方向;第五,生活的服务性,现代农业与城市发展互相契合,能够充分发挥出休闲娱乐、生态旅游等生活服务性功能;第六,发展持续性,现代农业随着科学技术的不断发展,通常都是采用无污染、少污染的方式,全面建设开发生产安全、绿色优质的产品,重视生态环境的保护,加强监管力度,节约资源,走可持续发展的道路。

随着时代的不断发展,社会与科学技术的不断进步,现代农业生产将发生重大变革,其发展趋势主要表现为:

(一)由"平面式"向"立体式"发展

根据作物在生长过程中不同的时间差、空间差进行混合搭配,从而形成全方位、多功能、多层次的生产体系,例如高矮间作、长短交替、喜光与耐阴共同生长等。

(二)由"石油型"向"生态型"发展

现代农业是一种以高投入、高能耗为特点的现代化石油农业,然而,石油资源不可再生,无法实现可持续的使用。而生态农业是以生态学原则为核心,以生态系统中的物质循环与能量转换规律为基础,构建出一种综合性的生产结构。比如,农作物可以将光能转化为化学能,收获物被送到车间进行加工,为人类的日常生活提供蔬菜和粮食,其余的废渣就会被送往饲料车间,然后经过一系列的加工操作后,送到附近的牛栏、羊舍、鸡棚、猪圈中,畜禽粪便将会直接倒入沼气池里,沼气与太阳能经过化学反应形成农业生产中动力,从而实现能量的转化。

(三)由"自然式"向"设施式"发展

农业生产通常情况下都是在露天的地方进行作业,在有些时候会遇到自然灾害,在未来,农业生产可能会利用大量的现代化科技来保护基础设施。有人推测,在今后的几十年里,可能会将一些作物从田间转移到温室内种植,然后再转移到自控式环境室内种植。

(四)由"机械化"向"自动化"发展

农业机械化在解放劳动力方面做出了巨大的贡献,它为现代农业注入了巨大的能量。随着计算机技术的不断发展,这些机械逐渐发展为自动化。根据专业推测,未来智能机器人将会取代人工劳动,甚至还会参与到农业的所有管理之中。

(五)由"农场式"向"公园式"发展

农业将趋向可供观光、休闲的公园场所发展。目前在发达国家已能看到这种景况,我国的农业观光休闲功能也日渐显现。公园式的农业以田园景观和自然资源为依托,结合农林牧渔生产经营活动、农村文化及农家生活,成为一种具有特色的农业产业形态,游人除观景赏奇外,还能尽情品尝各种新鲜农产品。

(六)由"化学化"向"生物化"发展

现代农业已经进入了普遍使用化肥、农药、除草剂和各种激素的化学时代,随着基因工程等生物技术的发展,这种情况正在发生变化。今后,生物农业将以不可阻挡之势发展,取代目前的化学农业。

四、现代农业的主要成就与面临的问题

现代农业的基本特征表现在实现了生产工具的机械化和智能化,依靠生物技术、信息技术等高新技术,生产力进一步发展,农产品的产量和质量进一步提高。现代农业的主要成就表现在有限地减缓了近代农业的生态危机、能源危机和由城乡对立、工农对立引起的经济危机。

现代农业在取得巨大成就的同时,也面临人口增长、资源缺乏、环境污染、生态破坏等问题。一方面,由于人口增长过快,对粮食等农产品需求压力日益增加。另一方面,农业资源缺乏,人均耕地减少,水资源不足,土壤侵蚀,地力下降,能源枯竭,农业生态环境日益恶化等,已成为制约当前农业发展的重大问题。面对以上问题,人们不得不重新思考和选择农业的发展道路,一系列的农业思想和农业理论相继出现。1987年,世界环境与发展委员会(WCED)主席、挪威首相布伦特兰夫人发表了著名的《我们共同的未来》报告之后,在世界范围内引起了"可持续发展"的热潮。面对现代农业发展出现的问题,人们认识到现代农业必须是可持续的农业,可持续农业是今后农业的发展方向。可持续农业的核心就是要协调好农业发展同人口资源和生态环境的关系,使其保持和谐、高效、优化、有序的发展,即在确保农业生产和农产品产量获得稳定增长的同时,谋求人口增长得到有效控制,自然资源得到合理开发利用,生态环境朝着良好的方向不断发展。

我国的农业逐渐从传统农业转变成现代农业,在这个过程中,也取得了不错的成就。在20世纪90年代,我国就已经成功实现了农产品从"长期短缺到总量基本平衡,丰年有余的历史性转变",我国仅用不足世界百分之十的耕地

面积,就养活了世界人口的百分之二十二,创造了奇迹。但是,随着人口的不断增长,工业化、城镇化发展迅速,农业生产发展也出现了一些非常严重的问题,主要体现在:①人均耕地面积逐年缩小,水资源短缺;②过量使用肥料和农药,导致土壤污染,土壤肥力降低,生态环境恶化,对粮食安全构成了严重威胁。③由于农产品价格偏低、农民收入增速偏慢、农村经济发展模式粗放、农业收益低于其他产业、农业发展中存在着的其他的问题,导致了农业发展中存在着资金短缺等问题。④农业基本建设落后,抵御天灾的能力薄弱;⑤城乡发展的不均衡,城镇发展迅速,乡村发展落后,城乡二元结构矛盾较大,农业劳动力向城镇转移,农民的整体素质还需要进一步提升。为解决"三农"问题,中共中央、国务院做出了"建设社会主义新农村"的重大战略决定,大力推动城乡协调发展,实施"工业反哺农业、城市支持农村"的政策,"多予、少取、放活",增加投资均衡性,全面构建"以工促农、以城带乡"的发展机制。

我国现代农业发展的总体目标为:通过现代物质条件来装配农业,通过现代化技术来改善农业,通过现代化体系来提升农业,通过现代化的经营方式来促进农业,通过现代化的发展理念引领农业,通过现代化的培养方式来发展农业,提高农业生产技术以及水利化、机械化、信息化的水平,从而提高土地的生产率、劳动的生产率以及资源的利用率。

人类的农耕史,就是人类利用自然、改造自然、保护自然的历史。在漫长的农业实践中,人类陆续开拓了农、林、牧、渔各业,驯化和培育了大量的动植物,积累了大量的农业生产经验。随着科学技术的发展,未来农业将在保护和强化利用现有农业资源的基础上,不断开拓并合理利用新的资源,逐渐建立起既能满足人类自身持续生存需要,又能合理地利用自然资源,并同保护和改善农业生态环境相结合的持续性农业。

第三节　现代农业的发展模式

自 20 世纪 30 年代以来,资本主义发达国家开始对传统农业进行彻底的改革与完善,逐渐实现传统农业向现代农业的转型。从整体的改革过程来讲,可以分为美国的"资源型"现代农业、日本的"资源型"现代农业以及荷兰的"资源型"现代农业三大类。它们的发展历程各不相同,但在采用的方式上存在着许多共同点:

一是以规划为先导,根据当地实际情况,选择合适的发展方式。它们都是结合本国的实际情况、自然条件、资源情况等,采用不同的发展模式来发展现代农业。美国发展现代农业采用的是以土地、技术、资金等为主要要素的高度机械化的大生产方式;日本实行的是劳动密集型和技术密集型的小农户经营方式;荷兰采用的是集技术和资本于一体的工业生产方式。

二是加强农业科技创新,建立健全农业科技服务体系。在农业发达国家非常注重科研与技术创新,拥有稳定的组织与人员,有丰富的资金来源,有先进的方法。其农业科技组织的研究内容与现实生活密切相关,其科研资金大部分来源于政府,还吸收了一些企业科研基金、国际资助以及其他资金。美国农业技术推广体制是一个由政府、高校和民间组织构成的、由社会组织主导的农业技术推广体制。日本的农技推广主要是通过国家的农技推广机构与农会合作来实现的,并构成了从中央到地方的一整套完善的农技推广系统。荷兰在此方面,主要是通过在农业和渔业部下设立的在全国各地的农技推广站来实现的。它们的共同特征是:覆盖了农业生产全过程;将产、学、研三个环节整合为一个有机整体,有利于新技术研发和科技成果推广;国家在农业科学研究和技术推广方面都投入了巨大的资金和资源。

三是支持组建农民团体,提供更多的社会服务。农业合作组织是加速由传统农业向现代农业转型的关键,它具有健全、成熟的农业产业组织系统,这是发达国家现代化农业的一个显著特点。从1940年开始,日本用了大约30年的时间就完成农业的现代化。这一现象的根本原因在于日本借鉴了西方发达国家的发展经验,创立了一种符合自己国情的"农协制度",它具有两个显著的功能:第一,它可以代表分散的小农户与政府、大企业等机构进行谈判与协商,从而确保农户的权益;第二,要切实解决好"小农户"与"大市场"之间产生的矛盾,使其对"小农户"的要素供应、对"小农户"的需求得到最大程度的满足。荷兰的农业,其特点是以出口创汇为主,其经营范围涵盖了农业的所有方面,从提供生产资料到销售各类农产品,再到运用大型农机具,就连农户生产、生活所需的借贷,也都是由合作社来完成。合作社联系了零散的小规模生产,与竞争激烈的大市场,对荷兰农业的现代化具有重要意义。

四是运用农业扶持政策,构建有效的宏观调控机制。发达国家高度重视农业建设,通常情况下,会利用一些经济手段,大力支持、指导或者影响企业以及农户在现代农业发展过程中的一些行为活动,主要有价格的补贴与支持、减免税收、无息或者低息贷款、休耕补贴等方式。加大对公益事业的投资力度，例如为农业科学研究、教育和技术推广提供资金，以及对农业基础设施如水、电、通、路的投资。

五是建立健全农业法律政策体系，以保障现代农业的规范发展。发达国家政府干预现代农业的政策多是采用立法形式，法律已成为市场经济发展的前提条件。在发达的市场经济国家，只有事先得到立法机关的法律授权，政府才能出台实施某项政策或进行行政干预。农业立法程序使得政府在现代农业发展进程中的某些行为必须以相应的法律为依据，并受到立法机关的必要监督，保证了政府对现代农业的支持或干预都在法律框架内进行。

我国的国土面积辽阔，无论是东部与西部，还是南部与北部，在自然、经济资源、农业生产条件等方面都存在巨大差异，同时各个地方的科技水平、农业生产者的素质以及经营管理水平的差异也较为明显，因此，在发展现代农业的途径和实现方式上，要因人而异。具体来说，目前我国适合发展现代农业的条件有以下四个方面：第一，我国的农业生产力水平仍然较低，与发达国家的平均水平比较，其科技贡献率还差 20~30 个百分点，为此，要加大资金投入，运用现代科技设备，适度集中土地，加强组织和管理，以提高农业科技的发展水平；第二，现代农业是以市场为导向的，农户参与到农业生产中来，以获取最大利益，而目前我国的农户总体上还处于小农状态，农产品商品化水平不高，农业资源的配置也不够市场化，这就要求加强市场机制与政府调节的结合，使其更好地服务于市场。第三，农业产业化经营是现代农业的一个重要特点，目前我国约有 2.5 亿农户，不仅数量多，规模小，而且在结构上、行为上存在着高度的趋同性，很难与不断变化的大市场进行有效的对接，所以，要建立一个以农工贸为纽带、产加销为一体的多元化的产业体系，要大力发展农民专业合作组织，建立各类农民合作社，形成多层次的龙头企业，让农民在农产品的加工、销售等环节获得最大化的收益。第四，作为一个发展中国家，我们有着庞大的人口数量，食物问题一直是我们的首要任务，如果不能很好地解决食物问题，就不能很好地实现工业化，城市化，乃至整个经济和社会的发展。在这一阶段，我们要借鉴发达国家的先进经验，并结合自己的实际，选择适合自己的发展模式。实际上，我们国家在发展现代农业方面，形成了以下四个方面的发展模式：

第一种模式：外向型创汇农业模式。这种模式指的是充分发挥沿海地区的优势,将优质种苗、特色蔬菜、水果、家禽、水产等作为重点发展对象,促进其优质产品的加工与出口,大力发展资本和技术密集型农产品的生产和加工,提高现代农业的水平,从而带动区域经济发展和农民收入增加的一种模式。辽宁省大连市充分利用与韩国、日本等国家临近的有利条件,以本地资源为依托,以壮大水产、畜牧、水果、蔬菜、花卉五大主导产业为重点,在此基础上,我们还将继续开展陆上的工厂化种植、养殖业和近海的网箱养殖业,并积极推行生态种植、养殖的方式,扩大对日本、韩国和欧洲的传统农产品的出口,如水产品、蔬菜、肉鸡等。

第二种模式:都市农业模式。所谓都市农业模式,指的是在我国一些中型或者大型的城市郊区,人口相对密集,土地紧缺,但是,自然资源非常丰富,拥有良好的农业生产条件,并且物质装备水平较高,劳动力的数量多,因此,可以通过调整产业结构、优化生产部门、扩大农业功能的一种模式,也可以被称为都市农业。通过这些措施,不仅能保障城市蔬菜、奶制品、水果等农产品的供给,而且还能保证城市居民生活必需品的供给。例如,上海市坚持以市场为主导、以充实市民"菜篮子"为首要目的、以提高农业现代化水平、充分利用人才和科技等方面的优势,对产业结构进行了调整,对农产品的生产部门进行了完善,并且广泛应用现代化的生物技术、信息技术等高新技术,推动种植、养殖、加工等行业的产业升级,提高资源利用率,提高农产品的市场竞争力以及产品效益;并根据城市农业的特征,扩大农业的内涵,大力发展农业休闲观光、农产品的采摘等第三产业,全力打造集生产、教育、旅游于一体的现代化产业。

第三种模式:优势农产品产业带模式。所谓优势农产品产业带模式,是指通过优势区域布局,把优势农产品做大做强,形成规模化生产后,能够带动加工、储藏、运输等相关产业的发展,开辟农民新的就业渠道所形成的模式。

第四种模式:资源综合开发型模式。所谓资源综合开发型模式,是指面向市场、依托当地资源、确定发展产业和项目的立体型、多层次、集约化的现代复合农业模式。北京市平谷区是一个半山区地形,山地面积占总面积的2/3,当地农业部门根据当地资源特点,依托北京市农林科学院林果所,建立大桃优良品种基地,引进蟠桃、油桃和白桃系列新品种20余种,推广优良品种2万亩,普及实施新技术7项,在温室里成功地种植反季节大桃,实现蟠桃连续供应和新鲜大桃全年供应。在大桃产业的带动下,平谷区有7 000户农民脱贫致富,已有150户农民年收入超过5万元。

第二章　新时代我国农业绿色安全高质量发展的成效与目标

第一节　农业绿色安全高质量发展的内涵辨析

农业高质量发展是经济高质量发展的特殊形式。目前国内对于经济高质量发展的界定主要有四种角度：一是紧扣当前国内的社会主要矛盾,体现创新、协调、绿色、开放、共享五大重要理念,认为高质量体现在发展方式的转变、经济结构的优化和增长动力的转换;二是对经济社会和生态等各个领域协调发展的要求;三是从宏观和微观角度的定义,微观上可以指产品和服务的高质量,宏观上则是人尽其才、物尽其用、地尽其力的发展;四是新时代背景下高质量发展的根本在于提高生产力,特别是劳动生产率以及全要素生产率。

英国环境经济学者大卫·皮尔斯首先提出了"绿色发展"这一理念,他主张"绿色发展"不仅要兼顾经济利益,还要兼顾生态环境的承载力与资源的承载力。在此基础上,结合现代科技,实现了农业的绿色发展。它是一种与农业结构、生产经营方式相适应的新型农业发展模式。

一、我国农业绿色安全高质量转型的背景

随着消费结构不断升级,人们愈发期待绿色安全、优质等多种特质并存的品牌农产品及其加工品。然而,农业农村现代化仍是我国现代化的短板,农业现代化与农村现代化的失衡问题仍旧突出。新常态下农民收入增速逐渐放缓且波动性增强,城乡居民收入绝对差距不断拉大,工资性收入增速天花板将近。第一产业贡献能力偏弱,二、三产业经营净收入波动大。折射出依靠工业化、城镇化吸纳农村剩余劳动力就业能力递减的问题,更暴露出农业产业基础条件薄弱、资源要素约束趋紧等农业发展内部问题。

我国农业具有基础性、弱质性、高风险性和小部门化发展的特征。进入新常态后,农业进入转型的机遇期与发展的风险期。新时代,新老矛盾、内外矛

盾交织显现:生产成本"地板"与价格"天花板"给农业持续发展带来双重挤压,生产比较效益下降,加之农业劳动力结构性短缺,农业基础设施较薄弱、生态环境日趋恶化,农业现代化成为国家现代化的短板。

二、发达国家农业绿色安全高质量发展的历程与启示

1. 产业发展与产业扶持

(1)欧盟

欧洲联盟的农业支持机制被定义为一个统一的农业政策。在1957年,欧洲六国签订罗马条约,应对"二战"对欧洲各地的农产品生产能力的破坏和普遍的粮食短缺问题。这是一个共同农业政策的初始形态,其主要目标是提高产量和收益。根据这一农业支持方法,1962年正式公布的联合农业政策确立了联合体的首要地位、单一市场、价格支持以及加大的财务援助四个基本原则。其中的核心是通过建立共同市场、调控粮食价格,激发农户的生产积极性,进而提升粮食的生产效率以及农户的收益。

在1992年,麦克萨里改革是共同农业政策向绿色生态转型的转折点。在这个改革过程中,如何在结构、支持措施等各个层面上改革共同农业政策,以确保有充足的农业工人提供食物和原材料,同时加强农业环境保护已经变成重大的议题。农业和畜牧业的价格被下调,农户可能减少的收益将通过直接补助的形式来填充,而这个部分的大小则主要依赖先前年度的农业生产状况以及土地的占用范围。此外,对于那些得到价格支持的大规模农户,一旦谷物产量超过92吨,农户需要停止5%的耕作,而那些粮食产出低于这个数值的小型农户可以选择主动休耕。休耕所造成的损失将根据市场价格和休耕的土地面积等因素来获得补偿。

在提高农产品质量的安全性上,欧盟的优秀农业标准规范也在为适应当前的环境而进行不断的调整。在1986年英国首次遭遇牛脑海绵状病,接下来转基因的问题也频繁出现。为了缓解消费者对食物安全的疑虑并减少因此造成的制造商损失,1997年欧洲零售商协会首次推出良好农业规范,在2001年欧盟秘书处首次向公众公开标准。原先欧盟的良好农业规范标准仅限于蔬菜、水果和花卉等,但随着科学技术的持续进步,其覆盖面基本覆盖了农业、畜牧和渔业三大领域。欧洲超市联盟已经制定各种严格的生产、储藏、包装和生产流程的质量要求,这样就能确保"从土壤到餐桌"的整个质量流程的安全。

自 2002 年起,欧盟的良好农业规范标准已经获得世界各地的生产商的认可与合作,并且已经覆盖发达国家,甚至是一些发展中国家。欧盟的良好农业规范不断地改良和扩大,2007 年农业害虫的防控和治理被确定为主要的认证重点,同时也对农业的生产方法做出相应的改变。欧盟良好农业规范技术委员会因此把该规范命名为全球良好农业规范。在 2013 年欧盟的良好农业标准再次纳入三大政策计划,即农产品—食物经济、农村环境以及农产品经济与人口增长,以实现可持续的发展观,并强调对农业资源的维护以及有效的使用。

(2)美国

美国从独立以来一系列土地政策的出台开启了家庭农场制。1862 年《宅地法》规定"农民只需缴纳 10 美元,即可获得 160 英亩土地,连续耕种 5 年便可获得其所有权"。此举让更多农民获得了较大面积的土地,推动了家庭农场的迅速扩张,为美国农业企业化模式的运行营造了一个良好的开端。农业合作社的出现是家庭农场制发展到更高水平的重要组织形式。随着 1922 年《卡珀—沃尔斯泰德法》的颁布,农业合作社模式正式被全面系统确立。越来越多此类私营农业组织出现,在资金的支持下以盈利为目的,致力于农副产品的加工、运营、销售等各个环节。相比之下,家庭农场劳动力有限,各个环节有不同的成本费用,生产成本过高,导致家庭农场发展举步维艰。于是农场主们联合起来,成立各种合作社,用于自我产品的商品化服务,合作社模式逐渐成为主要的农业经营模式。美国是重要的蔬菜生产国和出口国,美国政府对于果蔬产业的政策扶持一直在加强,人们食物支出中果蔬所占比例也在不断增加,但果蔬的质量问题和微生物污染一直很严重。1988 年美国联邦食品与药品监管部门和农业部门联合发布了《关于降低新鲜水果蔬菜中微生物危害的企业指南》,并首次提出"良好农业操作规范"这一概念。随着美国良好农业操作规范的不断完善,2013 年美国联邦食品药品管理监管部门在联邦公报上发表了《新鲜农产品种植、收获、储存控制规范》。自此,美国良好农业规范由自愿变为强制。

(3)日本

"二战"后日本农村土地改革确立了"自耕农主义"的劳动力扩张政策,随后制定法律为获得土地的农户解除了担忧,为农村土地改革成果的延续提供了法律依据。日本农业的高质量发展方面,科技创新起着重要的支撑作用,培育壮大了以企业为主的多元创新主体部门。由于日本人多地少,基本为小农户经营,政府鼓励团体认证,将小农户组织起来,例如通过"公司—农户"的形式进行团体认证。日本农协是日本良好农业规范标准最主要的实施主体,它是基于共同合作原则组建,旨在改善日本农业经营和农民会员生计的一个全国性组织。日本农协通过农场生产指导、农产品销售服务、生产投入品供应、信贷服务和共同保险服务等各种活动来实现其组织目标和功能,因而也被称为"多目标农业合作社"。日本全国有上百家农协,覆盖面十分广泛,绝大多数农民都已经加入农协成为正式会员。

在众多功能中,农场生产指导是农协份额最大的一项业务。农协通过聘请大量技术咨询人员,有效帮助农民会员改善农场管理,提高农业技术应用。这些技术指导均为免费,范围涉及土壤状况分析、病虫害发生与诊断、新品种栽培、新技术引入等,还建立农产品分级场所或农产品储备场所,促使农民更关注农产品质量的稳定和提高。投入品统一采购方面,结合所提供的测土配方施肥服务,不仅在采购成本和化肥农药使用量方面实现了成本的降低,为投入品的安全性提供了保障,否则农协需要承担相应的责任。除此之外,日本农协还会监督指导会员建立生产记录,对会员进行技术培训,对非会员宣传良好农业规范,带领会员共同应对市场对质量安全要求的新变化。

2. 职业农民培训与经营体系构建

美国、法国和日本农民职业化发展过程中,由于自然资源、土地制度、经济条件等国情的差异,政府扶持农民职业化发展的政策措施不尽相同,政策演变过程具有很强的代表性。

(1)美国

美国人少地多,劳动力资源短缺,形成了以"家庭农场主+农业企业"为主的农民职业化模式。要素的流通和农业经营主体之间的关系多通过市场机制调节,美国农民职业化过程中的劳动力转移以市场调节为主,表现出高度市场化,而政府主要为农民提供教育培训、农技推广等准公共产品。

美国农民职业化与农业现代化发展历程相契合,具体表现为:

第一,在1900年至1935年的工业化城镇化起步阶段,需要建立一个技术推广体系来提高农业的技能。农业现代化起步阶段,农场数量不断增加。从1900年的57.3万个增加至1935年的681.4万个,农场的规模保持稳定,平均60公顷。在美国农业劳动力的比重已经由63%下滑至22%,这一变化在推动美国的农业扩张以及农民的专业化方面发挥了关键作用。随着工业和城市的快速扩张,农民的流动性也随之提高,导致土地的聚集,从而引导各个农场的整合和重塑,这也导致大型农场的数目持续上升。在推动农业进步并确保战时粮食稳定供给的大环境之下,转变旧有的种植模式,扩大粮食的收获,以及提升农民的素质能力已经成为当时的主要职责。

第二,在1935年至1992年的工业化和城市化快速进步时期,建立一个能够提高运营效率的培养和支援机制。在农业的现代化进程中,农场的数量急剧缩小,而其平均面积却在迅猛增长。1935年的681.4万个迅速减少至1970年的294.9万个,同时农场的平均面积从62.6公顷上升至151.3公顷。农业劳动力在全社会总劳动力所占的比例从22%减少到了3.1%。

劳动力大规模流向城市和工业推动土地的集中,为提升农业效益和推动农民职业化创造有利环境。通过训练农民的素养有明显的提高,由于全球市场的激烈竞争,农业运营的风险持续上升,因此,从事农业活动所需的知识和技术变得越来越复杂。美国在1963年颁布《职业教育法》解决了这个问题,该法鼓励农村学校建立专业性较强的职业技术教育中心,以此为农村工厂培养技术人才,并提升非农业生产者的能力。美国政府积极推进农民的教育内容和方法的多样性,教育内容从生产技巧转向经营管理技巧,农业的推广从单纯的提升产量转变为全面的农村支援体系。为了减少农业的运作和管理的危害,需要通过实施如财政补贴政策、金融信贷政策和农业保险政策等措施来确保农户的利益。

第三,农业现代化发展阶段(1992年至今)。实施新型青年农民高素质发展计划。美国农业已经进入规模化经营的现代农业阶段,农场总数稳定在210万~220万个,农场平均规模有所下降,基本稳定在175公顷。农业劳动力占社会总劳动力的比重从3.1%降到2%。

在1992年至今的农业现代化进程中,已经建立了职业农民终身学习制度。美国已建立一个高效、多层次、多元化的高校农业教育、农业职业技术教育和农民再教育体系。为了让职业农民能够适应不断变化的农业技术和生产方式,政府建立了一个持久的农民终身学习体系。根据实际的生产需求,农民每年都需要接受两周的农业科技培训。此外,农业职业人才的培养主要集中在农村贫困地区,根据实际情况进行培养,同时也重视对年轻农民的培养。

美国政府的政策对职业农民的发展发挥了重要的作用。20世纪90年代美国农场总数已趋于稳定,农户的产业竞争力增强,同时,那些不适合现代农业经营的农户重新定位,转换职业,进入城市,完成了农业劳动力向第二、三产业和向城市的转移。现在美国农业人口占总人口的比重已由 1910 年的 32% 降到 2% 左右。美国农民职业化基本实现,职业农民亦即农场主的家庭收入也高于全美家庭平均收入。但是政府农业补贴政策在分配上极不平均,1995～2011 年,美国农业商品补贴前 20% 的受益者获得了占总额 90% 的补贴,平均每个受益者累计获得 26.8 万美元。农业内部收入水平的两极分化加大了新型职业农民进入农业领域的壁垒,间接造成了美国职业农民老龄化问题。2007 年美国农民平均年龄为 57 岁,其中 55 岁以上的占 57%。

(2)日本

日本的农业主要是以小农户为主体,人口众多,土地稀缺,劳动力非常丰富,因此,逐渐形成一种“小农+合作社”的专业化农民经营模式。为了能够更好地满足现代农业发展的需要,同时也为了提高农民的专业化水平,日本采取了法律和教育相结合的办法,首先,以法律手段来推进土地流转,促进农村劳动力的转移,从而改变了农村的传统生产和管理方式,使农村的土地得到了更大的发展。其次,要通过构建专业的农民培养制度,增强农民素质,培养独立经营的农民,使其适应现代化的农业生产。1960～1995 年,日本现代化农业发展迅速,农村地区的劳动力逐渐向着外部转移。农村地区的小规模农民数量下降缓慢,农村地区的家庭农场规模没有得到充分的利用,发展不平衡。日本为推动家庭农场的规模扩大,大力支持和培养适合现代化农业发展的、规模较大的、自我管理的小农户。1995 年以后,日本已经基本实现了农业的现代化发展,但是,在这一过程中,日本的城乡矛盾日益加剧,农村人口老龄化不断加重,生态环境遭到了严重的破坏。日本通过构建职业农民的社会保障制度、引进商业资本、加强对职业农民的社会化服务等方式,对职业农民的发展起到了积极的推动作用。

日本农民职业化与农业现代化的发展历程协同发展,具体的表现形式如下:

第一,工业化、城镇化起步阶段(1946～1960 年):全面深化农业教育的改革。日本拥有的农耕文化相对传统,受到长子继承制度的影响,因此,依然处于较为分散的小农户阶段,主要的经营方式以家庭为主,农户经营的规模较小,发展稳定,呈上升的趋势。

由于受到传统农业文化的制约,目前日本还处在小农经济的零散状态,主要是以家庭为主体,发展水平较低。为了改变农村落后的生产方式,推进土地的规模化经营,保证粮食的供给,政府制定了相关法律法规,大力开展农民教育与农业发展的改革,并构建起一个多层次的农业推广系统,促进农民的再教育。一是开展农业科学和技术的全国性普及。二是要建立完善的农村职业农民教育和培养制度,在中小学、大学中加大对农村职业农民教育的资金投入,办好农校,重点指导和资助农村大学的大学生学农。三是推动乡村整体发展,主要表现在改进农业管理、提高农民生活水平、加强对乡村青年的培养等。

第二,工业化、城镇化快速发展阶段(1960~1995年):培育规模化经营的主体。日本实现了工业化、城市化,农村劳动力持续流入城市,小农经济迅速萎缩,农业现代化达到了相当高的程度。

伴随着日本工业化和城市化进程的加速,农民的总人数迅速减少,农民的就业机会也在持续增加。然而,由于小规模农户数量的下降缓慢,土地的规模化利用程度不够,导致了城乡之间的发展不平衡。为了更好地推进家庭农场的规模化发展,从1960年起,日本政府就着重支持和培养了一批适合发展现代农业的大型独立经营的农户,并制定了相关的法律,以促进土地的合理流动,扩大农业的经营规模,实现农地的集中,并鼓励小农户将自己的土地进行流转,并将其转移到非农产业上。以法律为导向,以促进农地的合理流转、扩大农地的规模、实现农地的集中。同时,为了解决农村富余劳动力的就业,国家还采取了财政扶持和税收优惠的办法,来吸引更多的工业企业到乡镇投资建设工厂。

第三,农业现代化发展阶段(1995年至今):建立职业农民社会支持体系。总体来看,农户整体数量保持平稳下降,农户数量由1995年的265.1万户降低到现今的156.1万户,农户平均经营的耕地规模进一步扩大。但是兼业农户在农户中占据大量的比例,1960~1997年,自立经营农户总数的比例不仅没有增加,反而从8.6%下降到5%;自立经营农户耕地面积在耕地总面积中的比例从24%下降到18%。

随着经济的发展,日本城乡矛盾加剧,乡村人口老龄化、生态环境破坏严重。为了振兴乡村,提高农产品在开放市场下的竞争力,1980年,日本政府制定了《农地法》《增进农用地利用法》《农业委员会法》,即农地三法,对农业生产结构的调整及相关制度的建立提供法律支持。调整农业生产结构,走特色产业振兴型乡村发展道路,推进六次产业化和"一村一品"。把农村人才培养放在重要位置。1990年之后,日本农民职业教育理念以职业化教育为主。

日本的劳动力转移是政府宏观调控下的"农村非农化"。在政府的推动下,日本农户总量下降,逐步实现农业现代化。但是总体来看,日本农业实现规模化经营历时较长,农民职业化进程缓慢。政府出台的农业法规和惠农政策具有普适性,使得小农户的收入水平稳中有升。但农业生产仍以小农户生产为主,农民兼业经营仍很普遍。为解决这一问题,1990年以来日本政府颁布了一系列农业经营政策,对新型职业农户的培育起到了重要的作用。

(3)法国

法国的农业用地在整个欧盟国家中是面积最多的,并且农产品的出口方面在世界各国也是名列前茅。法国的耕地面积占国土面积的30%以上,农业总人口占总人口的4%。在法国的农业体系中,经营方式主要以中小农场和家庭经营为主,逐渐形成"农业合作社+家庭农场"的经济结构。随着城市化的迅速发展,通过土地集中、推广农业科技、培养新型农户等方式促进职业农民的发展,提高农民的综合素质。1945~1962年,法国还处于现代农业发展的初级阶段,政府采取了一系列措施,就是为了改善传统的经营模式,推动土地改革,提高粮食的供给力,例如,实行土地规模经营的大农业政策。1962~1993年,现代农业处于快速发展的阶段,为了能够充分发挥职业农民制度的有效性以及针对性,政府严格执行职业资格证书制度,制定相关标准,加强管理与审查力度。1993年后,基本实现了农业现代化。

法国农民的职业化与农业的现代化发展历程相符,具体的表现形式如下:

第一,工业化、城镇化起步阶段(1945~1962年):全面促进大农户的培训改革。在历史上,法国主要的经营方式是以小农户经营为主,"二战"结束后,政府通过采用一系列措施,对传统的农业经营方式进行了全面改革,促进土地规模化生产,提高粮食的生产供给能力。1950年后,法国政府成立了"土地整治和农村安置公司",主要负责农村土地的购买与销售工作。政府为了更好地扩大农场规模,规定只能将农场的继承权给一名继承者,并且在税收上给予一定的减免,还可以提供贷款支持。为了使小农户适应大规模生产,政府重点关注农民生产技能的提高问题,加强对农村剩余青壮年的培训力度。1960年,法国颁布《农业教育指导法》,其中对农业技术教育的发展进行了详细的描述,使得农民素质水平适应市场经营需要,特别是加强对乡村薄弱地区的职业农民培训,促进区域协调发展。同时,采用多种办法推动农村剩余劳动力转移,政府给予离农青年奖励性的赔偿和补助,鼓励其到工业、服务业去投资或就业。

第二,工业化、城镇化快速发展阶段(1962—1993年):实行农民职业化资格认证。1962年后,法国进入工业化和城镇化发展阶段,农业就业人口急剧减少,农产品处于供过于求状态,出现农民素质与农业现代化发展不匹配的问题。同时,1975年,全国建立了一批农业科研机构和农业高等院校,建立了与资格认证相配套的农业教育、科研、推广体系,集农业教育、科学研究、技术推广于一体。政府农业推广机构、高校和科研院、农商合作社针对农民、技师、科研人员等不同的服务对象、差异化的培养需求,围绕"学以致用,就地施教",进行有针对性的教学培育,逐步形成具有高度灵活性和实用性的农业教育体系,根据不同地区的农业生产特点和目标,来制订具体的培训方案和培训内容。不仅重视实践能力的培养,二分之一的农业院校与农场合作办学,而且注重提高农业经营者的生产技术和市场经营管理能力。培训费用包括农民的差旅费、食宿费等由政府、农业专业协会、培训基金会承担。

第三,农业现代化发展阶段(1993年至今):建立职业农民终身学习制度。法国已建立起高效、多层次、多元化的高校农业教育、农业职业技术教育和农民再教育体系。但这一阶段法国农村地区发展不平衡的现象日益严重,老龄化问题突出,并且国内外市场竞争不断加剧,这就要求进一步提升经营规模化和职业农民的年轻化,全面提升农民的综合经营能力。本阶段制定了农村发展政策,为了使职业农民适应不断创新的农业技术和生产方式,政府建立了长效的农民终身学习体系,农民根据实际生产需求每年要接受两周的农业科技培训。另外,职业农民培训的重点放在了乡村薄弱地区,因地制宜地培训职业农民,同时,注重培训年轻农民。2009年颁布新条例,要求注重培训年轻农民,鼓励青年到农村就业,为农业生产经营活动提供专业技能帮助和生产经营指导,为农林种植活动提供各类信息咨询与预测服务,向农学生、退休农民提供补贴。法国政府在农业现代化进程中,通过制定一系列职业农民培训政策,提高了职业农民的素质,促进了生产率的提高。通过完善国家职业农民技能认定标准,引导传统农业向职业农民自然过渡。

(4)启示

国外职业农民培训由于基本国情不同,类型多样,方式各异,甚至具体目标也有一定的差别,但基本都依照国情,遵循资格认定—教育培训—政策扶持的过程来实现对职业农民的培训。

第一，完备的法律法规保障体系。在推动职业农民培训的过程中，美、日、法三国都建立了一套完备的法律法规保障体系，为职业农民的发展提供了有力的支持。这些体系不仅包括明确农民地位、教育培训实施、发展模式等方面的法律法规，也强化了责任与义务、经费投入等制度。这些做法充分体现了各国对于职业农民培训的高度重视和大力推动。美国职业农民的地位得到了明确的法律法规保障。美国的农场法明确规定了农民的地位和权益，为职业农民提供了法律保障，为职业农民的教育培训提供了法律依据。日本职业农民的培训工作由农协负责实施，农协在法律法规的保障下，对职业农民的培训进行了全面的规定。日本的《农业基本法》明确了农协在职业农民培训中的职责和作用。在法国，职业农民的培训工作由农业部和农协共同负责。法国的《农业法》明确规定了农业部和农协在职业农民培训中的职责和作用，此外，法国还通过一系列的行政法规，对职业农民的培训进行了进一步的细化和落实。通过建立完备的法律法规保障体系，美、日、法三国不仅明确了职业农民的地位和权益，也规范了教育培训的实施，为职业农民的发展提供了有力的支持。这些做法值得我们借鉴和学习。

在我国，推动职业农民培训的法律法规保障体系也在逐步建立和完善。我国的《农业法》明确了职业农民的地位和权益，为职业农民的发展提供了法律保障。

然而，与美、日、法三国相比，我国的法律法规保障体系还不够完善，需要进一步改进和完善。首先，我国的法律法规对于职业农民的定义和标准还不够明确，需要进一步明确和细化。其次，我国的法律法规对于职业农民的教育培训还不够详细，需要进一步补充和完善。最后，我国的法律法规对于职业农民的培训保障还不够有力，需要进一步加强。

第二，多元化的职业农民教育培训体系。在推动职业农民培训的过程中，多元化的职业农民教育培训体系是至关重要的。在这一方面，各国已经探索出了一些有效的做法，其中包括政府主导的专业化机构与社会多元化机构的组合。这种组合模式的优势在于，它能够充分调动各级政府、社会组织、新型经营主体参与的积极性，发展各方的合作伙伴关系，以协同推进职业农民的培训教育。首先，政府主导的专业化机构在职业农民教育培训中起着关键作用。政府应当设立专门的机构，负责组织和实施职业农民的培训教育工作。这些机构应当具备专业的知识和技能，能够根据农民的实际需求，制订出科学、合理、实用的教育培训方案。同时,政府也应当为这些机构提供必要的资金和设施支持,确保教育培训工作的顺利进行。其次,社会多元化机构在职业农民教育培训中也发挥着重要作用。这些机构可以是农业科研机构、农业院校、农业技术推广站等。它们可以提供丰富的教育培训资源,如专业的师资力量、先进的教学设备、丰富的实践场地等。通过与政府主导的专业化机构合作,这些社会多元化机构可以为职业农民提供更加丰富、更加实用的教育培训服务。此外,农民自身也应当积极参与职业农民教育培训。农民应当把教育培训看作是一种提高自身素质、提升自身能力的机会,而不是一种负担。通过积极参与教育培训,农民可以掌握更多的农业知识和技能,提高自身的生产效率和产品质量,从而实现增收致富。在教育培训的内容和方式上,应当注重与时俱进、不断改进。一方面,应当根据现代农业发展的需要,适时调整课程设置,增加新的教学内容,如现代农业技术、农产品市场营销、农业环境保护等。另一方面,也应当尝试采用新的教育培训方式,如网络教育、远程教育、实践教学等,以满足农民的个性化需求。注重农民职业化的教育培训,包括尝试正规学历教育和短期培训项目并行并进,提供各种农业技术和管理知识,帮助农民提高自身的技术和管理水平。同时,也应当注重田间实践与理论教育的结合,让农民在实际操作中学习和掌握农业技术和管理知识。

第三,全面的职业农民扶持政策。随着全球化的推进,各国之间的经济联系日益紧密,农业作为国民经济的基础,其发展状况对于一个国家的整体实力具有重要的影响。在这种背景下,美国、日本、法国等世界主要经济强国,都将农业视为重要的发展领域,纷纷制定相应的政策,以促进农业的发展。美国作为世界上最大的经济体,其农业政策以市场为导向,政府通过提供补贴、保险等措施,以维护农业的稳定发展。在金融方面,美国政府为农民提供了多种贷款选择,包括低息贷款、担保贷款等,以帮助农民应对风险。此外,美国还推行了土地流转政策,鼓励农民进行规模化经营,提高农业生产效率。日本的农业政策以保护农民利益为主,政府通过提供价格支持、补贴等措施,以保障农民的收入。在金融方面,日本政府为农民提供了低息贷款,帮助他们应对生产成本的增加。此外,日本还推行了土地流转政策,鼓励农民进行规模化经营。法国的农业政策以保障食品安全为主,政府通过提供补贴、保险等措施,以维护农业的稳定发展。在金融方面,法国政府为农民提供了多种贷款选择,包括低息贷款、担保贷款等,以帮助农民应对风险。此外,法国还推行了土地流转政策,鼓励农民进行规模化经营。

在农业政策的制定和实施过程中,各国都根据自身的特定状态进行了适当的调整。例如,美国在金融方面的政策以信贷为主,日本和法国则以政府补贴为主。这些政策都旨在帮助农民应对生产成本的增加,提高农业生产效率。此外,各国还推行了相应的土地流转政策,以增强合理的生产和运营能力。例如,美国和法国鼓励农民进行规模化经营,而日本则通过提供价格支持,保障农民的收入。这些政策都旨在帮助农民提高农业生产效率。

金融信贷方面,各国都为新型职业农民提供了支持。例如,美国提供了多种贷款选择,包括低息贷款、担保贷款等;日本为农民提供了低息贷款;法国则通过提供多种贷款选择,帮助农民应对风险。这些政策都旨在帮助新型职业农民应对生产成本的增加,提高农业生产效率。

农业保险方面,各国都进行了优化和拓宽覆盖面。例如,美国和法国提供了多种保险选择;日本则通过提供价格支持,保障农民的收入。这些政策都旨在帮助农民应对生产风险。

社会保障方面,各国都增加了对农民的覆盖面和保障力度。例如,美国和法国提供了多种社会保障选择;日本则通过提供价格支持,保障农民的收入。这些政策都旨在帮助农民应对医疗、养老以及子女教育等方面的困扰。

第二节　我国农业绿色安全高质量发展的成效

一、改革开放四十多年我国农业绿色发展的成效

"绿水青山就是金山银山"。为了打造"金山银山",改革开放以来,我国坚持走生产发展、生活富裕、生态良好的文明发展道路,充分发挥绿色化引领作用,高度重视节能降耗,积极推动产业升级,逐步形成了人与自然和谐发展的现代化建设新格局,具体体现在以下方面。

1.农业生产方式持续向绿色化转型

重点发展标准化种植和生态健康养殖,增加绿色优质农产品供给,农产品质量安全水平持续向好。截至 2018 年底,全国共建设全程绿色标准化生产示范基地 100 个,"三品一标"获证单位总数为 58 422 家,产品总数为 121 743 个。其中,绿色食品、有机农产品和农产品地理标志总数 37 778 个,比 2017 年

底增长 18.1%,2018 年向社会提供绿色优质农产品总量超过 3 亿吨。

2.林业产业快速发展,生态功能逐渐增强

改革开放以来,随着国家开展全民义务植树活动,启动重点林业工程建设,开展退耕还林还草工程,持续加大生态保护和修复力度,林业生态建设不断得到深化,生态功能逐渐增强。习近平总书记指出"绿水青山就是金山银山",把绿色发展作为新发展理念的重要内容,强调要形成绿色发展方式和生活方式,坚持人与自然和谐共生,林业生态建设进入新的历史阶段,取得了丰硕成果。根据第八次全国森林资源清查结果,全国林业用地面积为 31 259 万公顷,比 1978 年增长 17.0%;森林面积达到 20 769 万公顷,增长 80.2%;森林覆盖率 21.6%,提高 9.6 个百分点;森林蓄积量 151 亿立方米,增长 67.6%。

3.农村人居环境持续改善

改革开放以来,各地以农村生活治理、生活污水治理、"厕所革命"、村容村貌整治提升等为重点,不断推进农村人居环境整治。截至 2022 年底,全国 90%以上的村庄开展了清洁行动,累计动员近 3 亿人次参与乡村清洁行动,农村卫生厕所普及率超过 60%,农村生活垃圾收运处置体系覆盖全国 84%以上的行政村,在全国 100 个农村生活垃圾分类和资源化利用示范县中有 80%的乡镇、64%的行政村已经实行垃圾分类,实行生活垃圾分类的行政村数量超过 10 万个,农村生活污水治理水平取得较大进步,一大批村庄村容村貌得到明显改善,农村人居环境整治工作取得显著成效。

4.农业绿色发展支撑能力逐步提高

我国农业绿色发展已初步掌握了 10 项具有标志性意义的关键技术,这些技术涵盖了小麦、玉米、水稻、蔬菜、奶牛、猪场粪污处理、水产养殖、农田氮磷流失治理和全生物降解地膜替代等多个领域。这些创新技术在节约资源、保护环境、提高产量和质量等方面取得了显著成效,为我国农业绿色发展提供了有力支撑。

为了进一步推动农业绿色发展,我国将以这些关键技术为基础,重点建设产业体系、技术体系、标准体系、经营体系、政策体系和数字体系六大支撑体系。这些体系将全面推进农业绿色发展的政策、技术、标准和产业等方面的改革和创新,为我国农业绿色发展提供持续动力。

二、改革开放四十多年来我国农业高质量发展的成效

1. 质量兴农不断推进

在质量兴农战略的推动下,不仅实现了粮食生产的稳定发展,还可以促进各类高价值经济作物的生产发展,提高农业发展质量,转变农业方向,将发展重点放在提高质量上面,而不是盲目追求增加产量。全国各地均以农产品的市场需求变化为中心,适应市场的实际需求,将农业的生产重心放在短缺的农产品上,扩大优质和特色经济作物的种植面积,选用优质稻进行种植,实现绿色生态发展,加快高质量农产品的生产发展,提高特色农产品的生产水平。根据农业农村部的相关数据来看,优质小麦的种植面积在 2018 年已达到总种植面积的 30%,实现优质、经济价值高及特色农作物的广泛覆盖。

2. 大力推进品牌强农

在农业现代化的发展历程中,将实现农业品牌化作为实现农业现代化发展的重要标志,是转变农业发展方式、调整农业生产结构的重要手段。实现农业品牌化有利于促进我国农业的升级发展,实现农业产业转型,是优化农业生产结构的必经之路。在市场经济中,产生品牌,会对我国农业市场化、现代化发展产生重要影响。目前,我国经济发展正处于重要转型时期,是农业高质量发展的新阶段。因此,要加强农产品的品牌提升,推进品牌强农,促进农业的高质量发展。要合理配置生产要素,提高农业生产效率,促进产业发展,从而推动农业产业的转型发展。

3. 结构调整深入推进,供给优化促产业兴旺

改革开放以来,我国农业产业结构不断调整优化,由以粮食生产为主的种植业经济向多种经营和农林牧渔全面发展转变。从产值构成来看,1978 年农业产值占农林牧渔四业产值的比重为 80.0%,处于绝对主导地位,林业、畜牧业和渔业产值所占比重分别为 3.4%、15.0% 和 1.6%。经过近 40 年的发展,农林牧渔四业结构日益协调合理。2022 年农业产值占 54%,比 1978 年下降 26 个百分点。

4. 农业生产区域部门日趋优化,主产区优势逐渐彰显

改革开放以来,国家逐步取消了统购统销政策,推进农产品流通体制向市场化方向转变,广大农户生产经营决策自主权增强,农业生产区域部门日益优

化,主产区优势逐渐显现。从粮食生产来看,粮食主产区稳产增产能力增强,确保国家粮食安全的作用增大。2022年,全国粮食作物产量68 652.8万吨,同比增长0.5%;全国粮食作物耕种面积177 498万亩,同比增长0.6%;黑龙江、河南、山东依然领跑,位列前三名。

在主要粮食品种中,小麦主要分布在河南、山东、安徽、河北和江苏等省份。从经济作物生产来看,也正进一步向优势产区集中。如近年来,国家在新疆开展棉花目标价格改革试点,其他棉区生产萎缩,新疆棉花生产的重要性进一步强化。数据显示,2022年全国棉花播种面积4 500.4万亩,较上年下降0.9%。但得益于棉花单产增加至132.8公斤/亩,2022年棉花总产量597.7万吨,比2021年增加24.6万吨,增长4.3%。另外,糖料、蔬菜、水果、中药材、花卉、苗木、烟叶、茶叶等产品生产也都形成了优势区域和地区品牌。

5. 扎实推进农业投入品减量增效

加快推广新型高效肥料、施肥技术,提高施肥效率,促进减量增效;提高农药防治效果,实现农药减量增效。截至2021年,化肥农药施用量连续三年负增长,三大主粮化肥利用率达到39.2%,农药利用率达到39.8%,分别比2015年提高4个和3.2个百分点,这是一个重要的历史性变化。同时,专业化服务快速发展。各地肥料统配统施、病虫统防统治等专业化服务组织蓬勃发展,有效提高了施肥施药技术水平。截至2021年,专业化服务组织超过8万个,三大粮食作物病虫害统防统治覆盖率达到40.1%。

6. 大力推进科教兴农

改革开放以来,国家高度重视农业科技发展,坚持科教兴农战略,不断加强生物技术、信息技术等高新技术的研究与开发应用,加强国家现代农业产业科技创新中心、产业技术体系和农业科技创新联盟等建设,积极推广优良品种和农业先进适用技术,加快农业科技成果的转化与推广应用,科技在农业生产中的推动作用日益增强。

7. 农业功能不断拓展,新动能加快成长

为拓宽农民增收渠道、培育农业农村发展新动能,国家大力发展农产品深加工,延长农业产业链条,推动农业生产、加工、冷链物流、销售一体化发展,促进农民分享农业增值收益和全产业链价值。开发农业经济、生态、文化和社会功能,推动农业与旅游、教育、文化、养老等产业深度融合,生态农业、观光农业、创意农业和多种形式的农家乐、休闲农庄、特色民宿等农业新业态快速涌现,采摘、垂钓、餐饮住宿、农事体验等新型农业经营活动逐渐兴起,休闲农业和乡村旅游发展迅速。

第三节　新时代我国农业绿色安全高质量发展的目标

一、农业绿色安全高质量协同的关键点

在农业发展中,应注重发展质量,所谓的农业竞争不仅仅表现在生产效率方面,而且具有更丰富的内涵。促进农业的生态转型应将保证产品安全,建造资源节约型、环境友好型发展环境,将绿色生态发展理念作为农业发展的基本依据,实现安全、绿色、高效协调发展。在农业农村工作中,应将工作重点放在生产发展和农民增收方面,促进农业的绿色发展,打造高端的特色品牌农业,从而得到更高的经济回报,这主要是依托于农业农村发展资源的稀缺性。想要充分利用资源的稀缺性,就要提高对农业生态和文化功能的重视。发展绿色农业不仅可以保证农产品的质量,促进农业的高质量发展,提高农村经济的发展水平,还能起到保护生态环境的作用。所以,实现农业绿色发展有利于建设美丽乡村,促进生态农业的发展,从而促进农产品转化,开发农产品的附加经济价值。

1. 以安全为底线

以农产品为出发点,应确保农产品的质量符合相关标准,达到绿色农产品标准,从而满足人们对农产品的消费需求,保障食品安全。标准是评价农产品生产质量和安全的科学准则。实行农业标准化有利于生产出更多的绿色农产品,确保农产品的优质和安全。在建立农产品标准过程中,应参照国际标准,确保农产品标准的统一性,在产品和体系认证下,提高农产品的质量。建立关于有机农业完善的法律体系,杜绝弄虚作假,应保证任意有机农产品与相关标准相符,提高有机农业产业的公信力。在有机农业的发展初期,应建立科学完善的监管模式,确保生产的所有有机农产品都符合有机农产品的标准。推动农业品牌化发展可以促进农业现代化发展,提高农业发展质量,因此,应积极培育农业品牌,从而提高农产品品牌的影响力,扩大影响范围,促进农业的绿色发展。

2. 以绿色为重点

以生态农业为出发点,有利于促进农业的绿色发展。从种植业的视角来看,想要保证农产品的质量,应为农产品的生长提供优越的生长环境,如肥沃的土壤和充分的水源,才能有效促进高质量农业的发展,推动农业的绿色发展。对于农业的高质量发展而言,绿色发展理念具有重要的推动作用。在绿色理念的指导下,推动绿色农业的快速发展。同时,以农业高质量发展为内核,积极转变农业发展理念,将农产品质量放在重要地位,促进绿色发展理念的发展,保护生态环境。促进农业的生态化发展应将重点放在农业的实际需求上,充分发挥农业的多功能性,促进农业的生态性发展,并将其转化为现实价值,从而促进农业经济增长,融合各个产业发展,建立综合产业体系。从经济的宏观角度来看,应根据重塑价值体系的实际需要,为农产品的种植和绿色农业的发展提供一定的支持和积极引导,构建良好的经济生态。

3. 以高效为目标

以效率的角度为出发点,应重视绿色农业的规模化发展。通过实现农产品的标准化生产,促进农业的产业化经营,在高效理念的指导下,从而逐步提高农产品的质量,建立特色农产品品牌。在绿色农业的政策导向下,促进了农业的生态化发展,有利于实现生态农业,但对高端特色生态农业的发展作用不大,想要打造高端的生态农业,应将重心放在创建特色农产品品牌上,打造地域性的特色农产品。在建设农产品的品牌过程中,应充分利用地区的整体力量,推动生态农业的规模化发展,打造农业规模经济,将农户力量汇聚起来,促进生态农业的高效发展。全程监管的生态农业需要较高的监管成本,对人力和物力资源的需求较大,且在操作上存在一定难度,适用范围较窄,只适合具有一定规模的有机农业基地,对于一些分散型农户不具有实用性,只能通过促进经营规模化,提高发展效益。有机农业对活性较强的土壤依赖性较强,在传统耕作方法中,主要通过对土壤中营养物质的保护和再生,为有机农业的发展提供充足的生长条件。推动生态农业发展,离不开科学技术的支撑,需要组织各种技术,建立科学的技术支撑体系。较高的环保意识和综合素质是促进生态农业发展的重要动力,有利于对生态农业发展风险的管控。建设和管理区域特色农业品牌的工程量较大,涉及多个领域,应协同多方面的人才参与到特色农业品牌的建设和管理过程中,促进特色农业品牌发展。依据相关标准,建立科学完善的质量安全标准体系,确保农产品的质量和安全,促进农产品生产标准化发展。

二、新时代农业绿色安全高质量发展的总体目标

推进绿色农业高质量发展,为14亿中国人提供安全优质农产品,是关系到健康中国战略、乡村振兴战略能否得到实现,关系到中华民族能否健康延续下去的重大战略问题。因此,推进农业高质量发展,既要推动短期目标的实现,又要把握好长期目标。从长期目标来看,农业高质量发展要通过农业生产方式的绿色化,强化农业面源污染防治,依靠科技创新体系,提升农业生产环境的质量,构建农业经营体系,确保农产品质量安全,为消费者健康提供保障,助力健康中国战略及乡村振兴战略的实施。从短期目标来看,推进农业高质量发展面临优质耕地资源减少,水资源因配置到工业及生活领域而日益减少,农业面源污染导致的生产环境状况不容乐观,人民群众对安全优质农产品的需求不能得到满足等问题。农业在向高质量发展转型中又会带来潜在的风险,特别是缺乏对新技术的科学评估,可能存在潜在的负面影响。因此,在推进农业高质量发展过程中,必须正确处理好短期目标与长期目标之间的关系,切实以为人民提供安全优质农产品为根本,有针对性地解决农业发展中存在的突出问题。

农业绿色安全高质量的发展,离不开现代化的农业生产方式。要想更好地发展现代化农业,就必须以科学与制度的创新为基础,才能尽快实现农业生产方式的转变以及小农户与现代化农业的融合,同时,还能更好地促进农村第一、第二、第三产业的发展,从而构建绿色、安全、优质、高效的现代化农业体系。为了能够改善现代化的农业生产方式,就必须构建现代化的农业产业体系,加强产业链、价值链的建设,促进第一、第二、第三产业的融合与发展,改善流通方式,积极采用现代化的流通方式,例如订单直销、电子商务等,加强农村特色产业的发展。与此同时,还要建立一个现代化的农业生产体系,要把重点放在以人的需求为中心来发展生产,让农产品在数量上得到更多的保障,在种类和品质上与消费者的需求更相匹配,在夯实农业基础、优化农业资源配置、加快农业结构调整等方面,才能逐渐形成一套结构完整、保障有力的农产品供给体系。

实现农民和经营体系的现代化建设,能够影响农业绿色安全高质量的发展。应发展多种实用性较强的经营模式,培养现代化的农业经营主体,同时,

还能提高农户的收入,为农业的竞争力提供更多的优势,也是全面建设现代化农业的必经之路。但是,也要看到我国人口众多,土地稀缺,不同地区的农业资源存在着较大的差异,丘陵等地貌分布较散,无法实施规模化的经营,也无法将其集中在一起进行经营。从当前到未来的一段时间里来看,小农户家庭农场依然是我国农业生产的主体。为此,要在发展适度规模与支持小农户两个层面上,妥善处理好两者之间的关系。不仅需要发挥规模经营在现代化农业发展中的主导作用,而且还要充分发挥其指引作用,鼓励发展各种形式的适度规模经营,完善小农户的帮扶政策,促进小农户在现代化农业道路上的发展。

第三章　新型农民培育

第一节　新型农民的含义及新型农民培育的内容

一、何为新型农民

所谓新型农民,是指适应现代市场经济发展要求和社会主义新农村建设需要的新一代农民群体,就是"有文化、懂技术、会经营、讲道德和守法律"的新一代农民。

(一)有文化

农村经济发展的状况,与生产力水平的高低有着密切的联系。生产力是社会发展的重要动力,是人类社会进步的重要标志。在农业生产中,生产力的提高,往往意味着农业生产效率的提高、农业产量的增加、农民收入的提高。因此,要想更好地解放和发展农村生产力,就必须有一支新型的、现代化的农民队伍。新型农民的第一要务,就是要拥有文化,一定要拥有一定的文化知识。具体说来,最起码要完成高中学业,拥有较强的阅读能力、分析能力、计算能力。这是因为在现代农业生产中,农民需要掌握大量的农业科技知识,需要使用各种现代化的农业机械设备,需要运用各种现代化的农业管理技术。如果没有一定的文化知识,农民就无法获取新的农业信息,无法推广新的农业技术,无法使用新的农业机械设施,农业生产就会处于相对落后的状态。

此外,新型农民还应该对农业的基本知识有所了解。只有掌握了科学的文化,对种养的规律了如指掌,他们才能从容地应对在发展现代农业过程中所面临的各种情况和问题。例如,他们需要了解农业气象学,以预测天气变化对农业生产的影响;他们需要了解土壤学,以了解土壤的性质和肥力,以选择适合的作物品种;他们还需要了解植物保护学,以预防和控制病虫害的发生和发展。

在农村经济发展过程中,新型农民发挥着主力军的作用。他们不仅要承担起农业生产的任务,还要承担起农村经济发展的任务。他们需要运用自己的知识和技能,推动农村经济的发展。例如,他们可以通过引进和推广新的农业技术,提高农业生产的效率和产量;他们可以通过发展农村产业,推动农村经济结构的优化和升级;他们还可以通过提供农村服务,满足农村居民的各种需求。

(二)懂技术

中国有个典故,叫"授人以鱼不如授人以渔",深刻地揭示了技术对人的重要性。这句话的意思是,与其直接给予别人鱼来解决温饱问题,不如教会他捕鱼的技术,这样他就能自己获取食物,而且这种能力是可持续的,不会因为鱼的数量减少而消失。这种观念在中国的历史和文化中有着深远的影响,人们普遍认为,掌握一门手艺或者技术,是谋生和创造财富的关键。在我国古代农业社会中,农民是重要的中间人。他们用自己的智慧和双手,创造了世界第一经济大国,引领了世界的进步。他们的成功,很大程度上得益于他们掌握的技术和手艺。例如,他们通过改良农作物品种,提高农作物的产量和质量;他们通过精细的农业管理,提高农业生产的效率;他们通过创新的农业技术,解决了农业生产中的各种问题。这些都是他们依靠技术和手艺取得成功的例子。

在现代社会中,技术仍然是农业生产的重要组成部分。现代农业需要各种先进的技术和设备,如现代化的农业机械、生物技术、信息技术等。这些技术的应用,可以大大提高农业生产的效率和效益,提高农产品的质量和产量,提高农民的收入。因此,现代新型农民必须是懂技术的农民。此外,技术也是农民素质的重要体现。在现代社会中,农民不再仅仅是一个劳动者,他们还需要具备一定的科技知识和创新能力。他们需要能够运用现代化的农业技术和设备,需要能够运用现代化的农业管理方法,需要能够应对各种农业问题。这些都是现代新型农民应该具备的能力和素质。

(三)会经营

新型农民需要掌握多种技能,包括养殖、种植、加工、销售、市场营销,等等。其中经营是现代新型农民必须掌握的技能之一。经营是指筹划、组织和管理某项事务或经济体,比如经营农业、经营产品、经营企业等。在现代市场经济条件下,农民不仅要懂农业生产,还要懂得经营。如果种出的粮食、蔬菜、棉花等不在市场上出售,拥有的技术服务找不到用户,就得不到钱。因此,农民不仅要懂得如何种植和养殖,还要学会如何把农产品推向市场。

经营不仅仅是销售农产品,还包括整个生产过程中的策划、组织和管理。比如,在种植粮食作物时,农民需要考虑选择什么样的品种、采用什么样的种植方式、如何管理土壤和水源等。在养殖业中,农民需要考虑选择什么样的动物、如何管理饲料和防治疾病等。这些都需要农民具有较强的经营能力。

新型农民不仅需要掌握务农和经营技能,还需要学习市场营销知识。市场营销是现代企业的重要组成部分,也是现代新型农民必须掌握的技能之一。市场营销包括市场调研、产品定位、定价策略、促销策略、销售渠道选择等。另外,还要学会如何使用现代科技手段进行市场营销。比如,利用互联网进行营销、利用社交媒体进行营销等。这些都需要新型农民具备一定的市场营销知识和技能。

(四)讲道德

在当前的农村经济发展中,大部分的农民培训都是着眼于经济建设的目的,基本没有顾及农村社会建设,特别是农村社区文化、道德、伦理等社会关系建设的需要。这种片面的发展模式,虽然在一定程度上推动了农村经济的发展,但是也带来了一系列的社会问题,如农村社区的文化贫乏、道德素质下降、人际关系的紧张等。因此,建设社会主义新农村,对农民的思想道德提出了更高的水准,要求农民成为文明公民。讲道德,对新型农民来说,就是要坚定信念,顾全大局,言行一致;就是要维护正义,抵制歪风;就是要讲究卫生,爱护村容,保护生态;就是要崇尚新风,和气待人,敬老爱幼;就是要文明诚信,爱岗敬业。首先,新型农民需要坚定信念,顾全大局。在农村社区中,农民是社区文化、道德、伦理等社会关系建设的重要参与者。他们需要以大局为重,以集体利益为重,自觉地遵守社区的规章制度,维护社区的和谐稳定。同时,他们还需要具备一定的社会责任感,关心社区的发展,参与社区的活动,为社区的建设贡献自己的一份力量。其次,新型农民需要维护正义,抵制歪风,需要具备正义感,敢于揭露和抵制歪风邪气,维护社区的公平正义。同时,他们还需要具备一定的法律意识,知道自己的权利和义务,懂得用法律武器保护自己和社区的利益。再次,新型农民需要讲究卫生,爱护村容,保护生态。在农村社区中,环境卫生是影响社区形象的重要因素。新型农民需要具备良好的卫生习惯,保持环境整洁卫生;他们还需要具备环保意识,保护社区的生态环境,维护社区的美丽和谐。此外,新型农民还需要崇尚新风,和气待人,敬老爱幼。在农村社区中,人们的道德水平直接影响到社区的和谐稳定。新型农民需要具备良好的道德品质,尊重他人,友善待人;他们还需要关爱老人和孩子,维护家庭和睦和社会和谐。最后,新型农民需要文明诚信,爱岗敬业,乐于奉献。在农村经济建设中,新型农民是主力军。他们需要具备良好的职业道德,诚实守信;他们还需要具备敬业精神,热爱自己的工作;他们还需要具备奉献精神,乐于为社会和社区做出贡献。

(五)守法律

法律是规范公民行为的准则,是维护社会秩序、保障公民权益的重要工具。自改革开放以来,随着社会的发展,农民的生活方式发生了巨大的变化,他们从田间走出来,活动范围进一步扩大,这就要求他们了解更多的法律知识,做知法公民。首先,农民了解一定的法律知识,是依法经营、按章办事的基础。在市场经济中,农民需要遵守各种法律法规,才能合法地进行生产经营活动。例如,农民需要了解《合同法》,以保护自己在签订合同时的权益;他们需要了解《税收管理法》,以正确地履行纳税义务;他们还需要了解《环境保护法》,以保护环境,防止污染。只有了解法律,农民才能在法律的框架内进行生产经营活动,避免违法行为。其次,不断强化法律意识,是农民用法律手段解决问题的重要途径。在遇到问题时,农民可以利用法律武器来维护自己的权益。例如,当农民的权益受到侵犯时,他们可以向法院提起诉讼,通过法律手段来解决问题。然而,如果农民对法律一无所知,那么他们就无法利用法律来保护自己。因此,农民需要不断强化法律意识,提高自己的法律素养。此外,依靠法律维护自己的合法权益,是农民在市场经济中保护自己权益的重要手段。在市场经济中,农民的权益很容易受到侵犯。例如,农民的土地权益、知识产权、人身安全等都可能受到威胁。在这种情况下,农民需要依靠法律来维护自己的权益。例如,当农民的土地被非法占用时,他们可以依靠法律来维护自己的土地权益;当农民的知识产权被侵犯时,他们可以依靠法律来维护自己的知识产权。

二、新型农民培育的主要内容

新型农民培育必须着眼于促进农民的全面发展,全面提升农民在文化、经济、道德方面的综合素质。

(一)抓好基础教育,不断提高农村新增劳动力的学历层次和文化素养

教育是全面建成小康社会,提高农民素质的基础工程、先导工程,基础教育既担负着为高校输送高素质合格人才的重任,又为当地培养数以万计具有一定基础文化知识的普通劳动者,因此应以政府为主体,首先,加快农村基础教育事业发展,进一步巩固和普及农村九年制义务教育,要落实以县为主的义务教育管理体制,不能让没有读完义务教育的孩子失学,流向社会,增加新的文盲、半文盲,其次,开展多样化的成人教育和继续教育,提高青壮年农民的文化素质。

(二)进一步做好农民技能培训,增强农民致富增收的能力

农民的科技素质对现代农业的发展有着重要作用,因此,为了提高农民应用技能的培训力度,全面整合培训资源,促进"农、科、教"的结合,充分发挥科学技术部门的技术优势、农业相关部门的信息优势以及教育教学部门的阵地优势,结合农业生产和农村劳动力的转移,制订出一套合理的培训方案,并在培训中做好"订单""定点""定向"等方面的工作,让每一个农民都能够掌握1~2种实用技术,并凭借自己的能力提高自己的收入。要挑选出一批具有一定技术基础的致富能手,对他们进行重点培训,让他们能够熟练地掌握各个生产环节的技术要领,并以此为指导,引导其他农户进行科学生产;要依靠科学研究机构,把农业科技的新成果、新技术、新的产业化的方法,定期为农户进行宣讲,帮助农户发展农业生产;全面推行劳动预备制度,积极培训非农产业或进城务工的青年,让他们掌握一定的管理知识、营销策略和职业技能,并获得与之相适应的职业资格证书,从而推动农村剩余劳动力的有序转移。在技术培训的过程中,中央和地方政府已经采取了一系列的措施,例如"绿色证书工程""跨世纪青年农民科技培训工程"等。通过这些措施的落实,在一定程度上提高了农民致富和增收的能力。

(三)培育造就经营型农民,提高农民的创业能力

加强农村劳动力科技培训工作,提高农民科技文化素质,开阔农民视野,转变观念,强化农民创业致富技能培训,提高农业、农村、农民自我发展的能力,激活农民创业致富热情,让更多的农民获得创业致富的机会,鼓励和扶持农民成立专业合作社,推动农业生产的规模化、标准化。

(四)培育、造就文明型农民,提高农民的思想道德素质

围绕“乡风文明,村容整洁”的目标,倡导农民树立文明、科学的生活方式;引导农民增强环保意识、卫生意识,加强农村人居环境集中整治,加快公共卫生设施建设,自觉保持农村环境的卫生整洁;广泛开展争创文明村镇、文明户等多种多样的活动,促进农村形成团结互助、扶贫济困、平等友爱、融洽和谐的良好风尚;各级组织应进一步加强农村思想政治工作,坚持用习近平新时代中国特色社会主义思想教育农民,通过给农民讲理论、讲政策、讲道理,使其了解党的路线、方针、政策,提高政治觉悟,增强参与新农村建设的自觉性;坚持用先进文化熏陶农民,整合农村图书室、广播室、文化活动中心等资源,提高公共文化服务能力,以节日文化为龙头,以农闲文化为重点,以传统文化为基础,将思想道德教育融入农民群众喜闻乐见的文体活动之中,使他们从中得到教育和提高;坚持用社会主义荣辱观引导农民,全面贯彻《公民道德建设实施纲要》,深入开展社会公德、职业道德、家庭美德教育,引导农民崇尚科学,移风易俗,爱岗敬业,树立先进的思想观念,养成良好的生活习惯,在农村形成文明和谐、积极进取的社会风尚。

(五)培育、造就懂法守法型农民,强化农民的法制意识

把加强农村法制建设作为推进新农村建设,实现农村社会和谐稳定的重要条件,深入开展农村普法教育活动,针对农村和农民特点,开展多层次、多形式的教育活动,帮助农民尽快掌握一些与日常生活紧密联系的法律常识,提高农民的法律意识和素质,增强遵纪守法观念,使农民自己不违法,而且当自己的合法权益受侵害时,能通过法律武器保护自己的合法权益,农民首先要了解《宪法》,因为《宪法》是国家的根本大法,是一切国家机关、社会组织和全体公民的最高行为准则;其次要了解与自己切身利益相关的法律法规,如《农村土

地承包法》《村民委员会组织法》《物权法》《老年人权益保障法》《人口与计划生育法》；三是要了解与生产经营相关的法律法规，如《农业法》《劳动法》《消费者权益保护法》《农民专业合作社法》《合同法》《个人所得税法》《企业所得税法》等。

第二节　新型农民培育的理念和方法

一、"我做事，我担当"——强化公民意识

除了作为懂生产和经营的理性"经济人"之外，新型农民还应该承担起现代社会活动中公民这一角色。公民意识相对复杂，首先，因为"公民"一词是法律概念，所以公民意识是一种法律意识。何为"公民"，公民就是指"拥有某国国籍，并且根据宪法和法律法规，享有权利与承担义务的人"。因此，在法律允许范围内的公民意识指的是一个人对于自己作为国家公民身份的认定，以及在这种身份认定基础上产生的、对自身应当享有的权利和承担的义务的认知，并能通过个人行为将法律规定兑现的认识。其次，公民意识还是一种近代政治方面的意识，其本质就是对国家与个体的关系的一种反应。在一个民主社会中，公民应当明确自身地位、责任、权力、基本准则等，将自身与他人看作平等、有尊严、有价值的人，它是社会政治文化的一个主要内容，能够反映出公民对社会、政治制度和各类政治问题的看法、倾向、感情和价值。除此之外，公民意识还可以从对不同社会现象的关切中产生，还可以从一个人在参与其他活动时所携带的思想观念中产生出来，这就是所谓的现代公民，就是要主动地参与到人民自己的事务中去，让自己的事情自己做主，并敢于承担自己的责任。

二、"我们要学习"——确立农民学习的主体性

以农民自身发展的需求作为培训的主要目的，确立农民学习的主体性，与农民学习相联系的是终身教育理念，以及学习型社会的理念，学习型社会的概念来源于美国著名学者、芝加哥大学校长哈钦斯，他在1968年发表的《学习社会》一书中，在对以往的教育进行批判性研究的基础上，提出未来社会应当努力实现学习型社会。他认为，在学习型社会中，任何时候不只是提供定时制的成人教育，而且以学习、成就、人格形成为目的来成功实现价值的转换，从而实

现一切制度所追求的目标。1972年,联合国教科文组织下设的国际教育发展委员会发表了《学会生存——教育世界的今天和明天》的报告,把学习化社会作为主要而明确的概念提出。

我国学者厉以贤总结了学习化社会的七个特征:一是学习将成为一种人的自身发展的需求;二是学习将成为社会一切成员整个生命期的活动;三是学习和教育将成为一个结构和功能完整的社会体系;四是学习和教育要成为一个社会的责任;五是学习和教育与社会形成互动,密切交织;六是社会以及社会中的组织和机构也要行使学习和教育职能;七是社区教育是迈向学习化社会的一种重要的教育活动形式。

三、"活到老,学到老"——覆盖不同年龄段的全程培训

"386199部队"形象地描绘了目前农村劳动力由妇女、儿童和老人构成的现状。生命周期理念是从一个人成长的生命过程来看待新型农民的培育工作。在人力资本投资理念中,生命周期理念是基于人力资本投资收益在生命周期的阶段差异,而这里主要是基于人作为社会动物,在人成长的不同生命阶段,其在经济、社会和政治生活方面的身份和地位都不断转换,强调在人生不同阶段突出培育新型农民政策的针对性。生命周期理念是培育农民的一个纵向概念,全面发展理念是一个横向概念,两者的结合就衍生出全程教育和全面发展——简称"两全"的农民培育理念。生命周期的理念拓宽了新型农民培育关注的年龄范围,超越了以往集中在成年农民教育的局限,将儿童、少年和老年阶段也纳入培育体系。我们必须认识到今天的儿童、少年是明天农村的后备军,而老年人也是农村社会的重要成员,这一理念的优点还在于当农民脱离教育、就业系统之外时,培育系统的介入对于社会治安和稳定的重要性。从生命周期理念出发,在发展的第一阶段,面临的是基础教育,关注重点是达到全民教育的数量目标,进而提高基本技能的服务质量(识字和健康知识等),也就是不仅关注达到入学率的预期目标,还要考察达到的课程水平如结业率目标,在发展的第二阶段,提供良好质量的初中、高中、职高、专职培训等多种形式的中、高等教育,使农民在识字、计算和健康知识的基础上,掌握较高水平的技能,当学生离开正规的学校教育系统时就进入了工作阶段,此时关注的重点是从工作中形成技能和在职培训(如德国的"双元制"职业教育),此外,进入社会,参与公共事务获得了公民生活的机会,逐渐形成行使公民权的技能。

四、"农民也是文化人"——接受现代文明与传承民族文化

如何看待现代性与民族性是现代化进程中的农民和农村干部必须直面的问题,一方面,新型农民是传统民族文化的继承者,另一方面,又是民族文化的发扬者。新型农民的培育应当考虑到农民作为民族文化传承者的特殊性,充分考虑民族文化在农民培育中的重要地位,这一点尤为重要。民族文化传承者的理念要求培训农民的内容需要平衡现代文化与民族传统文化,不应该只讲现代,放弃传统,或盲目保守传统,而不讲现代。可以基于以下几点考虑:其一,民族团结;其二,民族文化是中华文化的重要组成部分,需要保护和传扬;其三,从发展民族文化产业的角度而言,有必要在现代文化的背景下重新学习和认识民族传统文化,并形成清晰的认识,发动农民广泛参与挖掘传统民族文化的活动,并在活动中接受教育和熏陶,与新农村文化活动的建设相结合,使民族文化融入农民日常生活,重新焕发传统民族文化的活力。

第四章　构建新型农业经营体系

第一节　新型农业经营体系内涵

新型农业经营体系是以传统分散农业为参照,在传统农业经营方式的基础上,实现进一步的创新和发展。"农业经营"的涵盖范围较广,不仅包括农产品的生产和销售等环节,还涉及一些生产性服务,是所有生产环节中活动的总称。"体系"是一个整体概念,主要是由相关事物依据内部联系组合形成。所以,可以将新型农业经营体系解释为:以农村基本经营制度为前提,根据农业的实际发展状况,适应主要发展潮流,在政府的引导下,形成的各类经营主体和关系的总和。

"四化"是现代农业经营体制改革的基础,主要分为四个方面,分别为社会化、组织化、专业化、集约化。"四化"也是现代农业经营体制的四大主要特征。"四化"是我国新型农业经营体制在"统""分"层面上对我国农村基本经营体制的充实与发展。在我国,采用的主要是以家庭承包制为主和统分相互结合的双层经营体制,这是我国农村经营的基本制度。要想坚持这一基本原则,就必须按照现代农业发展的要求,做好"两个转变",即从"分"的层面上,由家庭经营向应用先进的科学技术和生产方法的方向转变,加大技术、资金等生产要素的投资力度,将重点放在集约化、专业化的水平上;在从"统"的层面上,由共同经营向着农户合作的方向发展,从而实现多元化、多层次的经营体系,加强集体经济的发展,提高集体组织的服务能力,培育新型的农民合作社,发展各类农业社会化服务机构,促进农村龙头企业与农户之间的利益关系。"四化"是一个有机的整体,相互联系,互相促进,互相制约。

与传统粗放型农业比较,农业集约化指的是把更多的农业生产设备资源集中投放在相当面积的农田上,然后再通过更现代化的农业科学技术和管理方法,在面积较小的农田上,取得高生产、高投入的集经济性、生态效益、社会效益于一身的农业经营方式。投入产出的最主要目的,是为了让每一个单位面积的耕地都有很大的生产率,从而逐渐提升农田生产率和劳动生产率。在我国农村人口与土地等资源的矛盾十分突出的情况下,发展集约农业能够降低资源条件所带来的约束,提高资源的利用率以及生产率。要想增加农业的效益,提高农户收入,就必须全面推进农业生产由粗放式向着集约式的转变。

与兼业化相比,"专业化"是不断深化农村社会中劳动分工以及提高经济之间联系的产物。从以小农户为主,逐渐向着专业化、兼业化、小农户三者共存的方向发展。与小农户相比,专业户的规模较大,其收入的主要来源为家庭经营收入,而且在提高农业生产条件、推动现代农业发展等方面,有着强烈的积极性。在发达国家,在发展现代农业方面,专业化取得了很好的成绩。例如,美国的农业生产实现了专业化、机械化和规模化,日本的"一村一品"、荷兰的花卉与蔬菜的种植,都属于专业化。专业化生产能够提高劳动者的专业技能以及生产效率,丰富生产经验,对于独特品种的繁殖与产品的稳定有着诸多积极因素,同时,还为规模效应、价格优势带来了有利因素,尽快构建并完善的"产加销"一体化经营网络体系有很大的帮助,对于品牌的打造也有很大的帮助,还可以形成强大的市场竞争力。

社会化是相对个体而言。它不是简单地回到过去的集体化,而是在更高起点上的一种回归,在本质上与过去的集体化有着根本的不同。它强调的是分工协作的社会化大生产对于我国农业未来发展的极端重要性,体现了中国共产党对几十年来农业探索实践的深刻反思和对现代农业发展规律及趋势的洞悉和准确把握,有着更为丰富的内涵。它主要包括两个层面的含义:一是农业生产过程的社会化,即生产过程从一系列的个人行动变为一系列的社会行动,突出表现在农业社会化服务对农业生产过程的广泛参与;二是产品的社会化,即农产品通过交换供应整个社会,而不是自给自足。现阶段突出强调社会化,主要就是大力发展社会化服务,使农户克服自身小规模经营的弊端,从而获得较高经济效益。农村自发形成的农业合作经济组织,涉农企业以及农业院校、科研院所等,服务主体具有专业性,服务对象具有广泛性,服务模式具有社会性。

因此,构建新型农业经营体系就是在坚持农村基本经营制度的基础上,构建相对于传统小规模分散经营的传统农户的集约化、专业化、组织化、社会化的新型农业经营主体。

第二节 新型农业经营主体

我国新型农业经营主体主要包含 4 种类型：专业大户、家庭农场、农民专业合作社和产业化龙头企业。

一、专业大户

专业大户是农村经济中比较特殊的一种经营主体，他们具有一定的规模优势，但同时也存在一些问题。首先，专业大户的经营规模相对较大，他们通常会采用现代化的生产方式和技术手段，以提高生产效率和降低成本。其次，专业大户的专业化、集约化生产水平也相对较高，他们通常会专门从事某种农作物或者养殖业，具有较高的生产技术和管理水平。但是，专业大户也存在一些问题。首先，他们的专业化、集约化生产水平仍相对落后，缺乏现代化的生产技术和管理水平。其次，他们的规模经营也存在一些问题，例如缺乏有效的组织管理和协调机制，容易产生经营风险。

二、家庭农场

家庭农场是我国新型农业经营主体的重要类型，家庭农场以家庭为单位进行经营，主要劳动力为家庭成员。家庭农场和专业大户都是以土地流转为基础的土地规模化经营模式，但两者存在明显区别。首先，家庭农场是从专业大户发展而来的，其规模化和专业化程度要比专业大户高。家庭农场的规模相对较大，通常会采用现代化的生产方式和技术手段，以提高生产效率和降低成本。家庭农场的经营也相对规范，一般都会签订劳动合同，雇佣关系也相对稳定。其次，从经营和组织上来看，家庭农场雇工数量以及雇工时间要多于专业大户。家庭农场通常会雇用一些当地的农民或者非农业人口来帮助进行种植和养殖等工作，而且雇工时间也会相对较长。而专业大户虽然也会雇用一些专业的农民或者非农业人口来帮助进行种植和养殖等工作，但雇工时间会相对较短。此外，家庭农场的生产方式也更加灵活多样。家庭农场通常会采用多样化的生产方式，包括种植、养殖、加工等多种方式。而专业大户则通常会专注于某种农作物或者养殖业，生产方式也比较单一。

总的来说，家庭农场和专业大户都是以土地流转为基础的土地规模化经营模式,但两者存在明显区别。家庭农场的规模相对较大,专业化程度较高,经营和组织也更加规范。而专业大户的规模相对较小,专业化程度较低,经营和组织也相对不规范。

三、农民专业合作社

农民专业合作社是农民自愿联合形成的一种互助性生产经营组织。它是以服务社员为主要目标,带有公益性质的一种组织形式。农民专业合作社的建立旨在将分散经营的农户组织起来,形成规模化、产业化经营,提高农产品的市场竞争能力,降低风险,以获得更大的经济效益。

农民专业合作社的主要特点包括自愿、互助、合作、互利和民主管理等。农民专业合作社的成员是自愿加入的,并且以互助合作为原则,通过共同投资、共同经营、共同分配等方式实现合作经营。农民专业合作社的成员之间不存在任何强制性的关系,而是基于共同的利益和信任进行合作。

农民专业合作社的经营范围广泛,可以包括种植业、养殖业、农产品加工、市场营销等多个领域。农民专业合作社通过组织社员进行农业生产、加工和销售等经营活动,实现了规模经营和产业化经营,提高了农产品的市场竞争力。此外,农民专业合作社还可以提供一些其他服务,如技术咨询、信息服务、金融服务等,为社员提供更加全面的支持。

农民专业合作社还可以帮助社员抵御风险,通过互助合作的方式降低单个社员的损失。例如,农民专业合作社可以通过购买保险、建立风险基金等方式来帮助社员应对自然灾害、市场波动等风险。此外,农民专业合作社还可以帮助社员提高产品质量和品牌知名度,通过共同推广和营销等方式帮助社员将产品推向市场。农民专业合作社还可以帮助社员提高生产效率和降低成本,通过统一采购、统一生产等措施来实现规模化经营和产业化经营。

四、产业化龙头企业

产业化龙头企业是指以农产品加工或流通为主导产业,通过与农民建立紧密的利益联结机制,将农产品生产、加工、销售有机结合起来,实现产业链的优化,提高农产品附加值,从而带动农民增收的一种新型农业经营主体。这种企业在规模和经营指标上达到规定标准并经政府有关部门认定,是现代农业发展的重要载体。

在农业现代化进程中,产业化龙头企业发挥着举足轻重的作用。它们通过先进的科技手段和管理模式,对农产品进行深加工和精细化管理,提高了农产品的附加值,使之成为具有更高价值的商品。同时,产业化龙头企业还通过建立与农民的利益联结机制,使农民成为产业链上的一环,分享到更多的利润,从而实现了农业生产的规模化、集约化和现代化。

产业化龙头企业的发展,对于提高农业生产效益、增加农民收入、优化农业产业结构、实现农业现代化具有重要意义。首先,产业化龙头企业通过先进的科技手段和管理模式,提高了农业生产效益。它们采用现代化的农业生产方式,如设施农业、无公害农业等,提高了农产品的产量和质量,使农民获得更高的收入。其次,产业化龙头企业通过建立与农民的利益联结机制,使农民成为产业链上的一环。这种机制使得农民与企业形成了紧密的利益共同体,使农民在产业链上的每一个环节都能分享利润,从而增加了农民的收入。最后,产业化龙头企业通过优化农业产业结构,推动了农业现代化。它们通过发展农产品加工、流通等产业,为农业现代化提供了有力支持。

然而,产业化龙头企业的发展也面临着一些挑战。首先,产业发展的不平衡性。在一些地区,产业发展较为成熟,而在另一些地区则仍处于起步阶段。这种不平衡性使得产业发展不均衡,影响了整体产业的发展。其次,产业发展的不稳定性。受市场波动的影响,产业发展往往会受到很大的冲击。因此,如何保持产业发展的稳定性,是产业化龙头企业面临的一大挑战。最后,产业发展的不可持续性。在追求经济效益的过程中,一些企业往往会忽视环境保护和资源节约。如何在经济发展与环境保护之间找到平衡,是产业化龙头企业需要解决的问题。

第三节　推进新型农业经营主体建设

推进新型农业经营主体建设可从以下几步着手:

一、调整主体结构,突出扶持重点

政府部门应重点发展专业大户和家庭农场。将专业大户和家庭农场作为新型农业经营主体的主力军来培育,抓好数量和质量两个方面的提升。加强对合作社相关宣传,提高群众的认知度;严格新建合作社的审批程序,抓好对现有农民合作社的管理,对运行良好、带动示范作用强、有发展潜力的合作社予以重点扶持,让合作社真正发挥作用。抓好农业企业的结构调整。重点扶持、引进和发展加工型、营销型企业,控制生产型企业发展速度,抓好生产型企业在土地流转环节的资质审查和风险防控。积极发展社会化服务组织。加大对公益性服务组织的财政资金投入,优化人员结构,改善硬件设施,提升服务能力;对经营性服务组织,整合同质化经营主体,鼓励引导多元主体创办经营性服务组织,增加服务组织数量,扩大服务组织规模。

二、规范土地使用,依法规范流转

随着农业技术的不断发展,现代化的农业机械得到了广泛应用,农业也因此得到了迅速发展。各地区应当结合当地实际情况,创新并完善土地经营的模式。土地流转工作,指引农地经营权的有序流动,提高农地的规模化经营水平,推动农村集体资产的改革,促进集体经济的发展。建立新的农地经营制度,必须实现农地经营权的有序流转。基层政府应该成立完整的农村产权交易中心,制定并完善管理标准,加强对农村产权流转的指引,促进产权流转的公平、公正、公开,及时调整农田规划,根据生产、加工、销售的原则,加强对现有农田的保护。严格规划农业生产设施,使其能够在一定程度上满足相应的要求,从而有效地解决农业企业在土地利用上的困难,以及对其进行工业配套的困难。在不违背有关法律法规的前提下,缩短土地利用项目申请时间,简化项目申请程序,并主动为项目申请人提供优质的申请服务。

三、经营主体多元化发展

新型农业经营主体要转变发展方式和落后的发展观念,提高农业经营效率,从多个角度、多个层面,使不同类型的经营主体在农业生产中的角色与价值得到最大程度的发挥。建立家庭农场、产销结合的农业管理模式,使农业管理的增值能力持续提升,惠及更多的农民;鼓励农户组建新型的农业合作组织,对个体经济进行规范和整合,促进其向专业化的方向发展;要抓好龙头企业的建设,实现规模、综合开发。

四、加大培训扶持,规范科学经营

新型农业经营主体多为外出打工者,外来资金积累到一定程度后返乡创业;或者是吸引更多的外商进行投资,引进外地企业的资金。作为现代农业的经营主体,与其他企业相比而言,经营性主体的从业人员在文化程度上相对不高。为此,相关部门应当根据实际需求,积极地组织开展主题培训,特别是以电子商务主题培训为主,对经营者的生产技能进行提升,同时也要提升经营理念,让他们的技术能力和思想观念能够跟农业农村现代化发展要求保持一致。指导企业建立健全经营制度,保证经营的科学化和规范化。

五、营造良好的市场环境

倘若提高市场环境对新型农业经营主体的支持力度,就必须拥有良好的市场环境作为支撑。相关部门应加强监管,规范市场行为。要强化农产品收购监管,培育新的农业经营主体,使市场运作更加有序。良好的市场环境能确保农民增收,也能为农业公司的迅速发展创造良好的环境。而要营造一个良好的市场环境,就需要各个部门的配合与支持,同时,相关部门还应制订相应的法律、法规,强化对农产品的市场监督管理,保证土地资源的有序流转,保证农产品的销售渠道的畅通。在此基础上,加强对假冒伪劣商品的治理,降低假冒伪劣商品进入市场的风险,切实维护农户及农协的切身利益。良好的市场环境是新农业有序发展的重要保障,也是创建新农业的有利条件。

六、强化人才培养,做好科技创新

有关部门要进行科学的规划,积极培训现代农业发展的相关知识,并且重点关注专业大户、家庭农场、农村合作社等,加强对其的管理与培训,提升经营人员的管理水平以及管理能力。构建一套高效的人才引进与激励机制,对高级营销管理人才进行有效的引进与激励,并对具备一定条件的新型农业经营主体,采取聘用职业经理人的方法,来提升其管理水平;鼓励和扶持高校毕业生下基层,领办、参与创办新型农业经营机构,或在农民专业合作组织中担任职务;制定农业研究与开发的奖励制度。设立新产品研发奖助金,以支持对新产品的研发和深加工;扶持农业企业进行技术革新,开发新技术和新工艺,提高农业生产的科技水平。

第五章　新型农业经营主体的农户带动模式选择与优化

第一节　农业企业带动农户生产转型的关键点与带动模式

从全球农业发展经验和中国实践看,农业企业是现代农业经营体系不可或缺的重要组成,在高端农产品生产、精深加工、品牌打造、营销渠道建设等方面具有突出优势。因此,本部分内容认为农业企业的优势在于其产品品质和品牌上,因此龙头企业的农户带动模式应围绕农产品产品控制来进行分析,并以此为核心分析对比不同组织模式的优劣,让企业与农户形成更为多样且牢固的利益共同体。

一、农产品品质及品质控制关键点

(一)农产品品质的基本内涵

根据市场需求可将农产品品质的内涵总结为:某种农产品的一组指标能够满足需求的程度。一组指标主要包含三个方面,即该种农产品的安全性、营养性和商品性。安全性即农产品的安全程度,包括生理性有害物质含量、外源性农兽药残留量及病原微生物数量;营养性包括各种人类需要的营养物质(碳水化合物、油脂、蛋白质、维生素和矿物质)的含量;商品性包括外观特性和储运特性。其中,安全性是最基本的品质特性,营养性是建立在安全性得到保障的基础上的品质特性,而商品性则是保障农产品能够流通销售到需求方的品质特性(见图5.1)。

(二)农产品品质的衡量标准

1."三品一标"所对应的农产品品质内涵

目前,国内评价农产品品质的主要标准为"三品一标"。"三品一标"即为

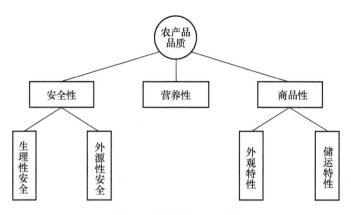

图 5.1　农产品品质的内涵

无公害农产品、绿色农产品、有机农产品和地理标志农产品。无公害农产品的要求是允许限量、限品种、限时间地使用人工合成的安全的农药等,它的特点是比较优质,基本安全。绿色农产品包含两个等级,A 级绿色农产品允许使用限定的化学合成物质;AA 级绿色农产品标准更加严格,基本等同于国际有机食品标准。而有机农产品则绝对禁止使用任何农药化肥、激素化工合成物质和基因工程技术,对自然环境的要求更高。"三品"主要以化学合成物使用的多少来划分,主要衡量的是农产品的安全性品质,从无公害到绿色再到有机,安全性依次增强。对于营养性品质则不一定,农产品的营养品质会因为农药化肥的使用方法和使用量的不同而不同,因此无公害农产品和绿色农产品在保障安全性的基础上可以有不同的营养品质。而有机农产品营养品质则取决于有机种植的方法,因为有机种植完全杜绝了农药化肥,利用动物、植物、微生物和土壤这四种生产因素的有效循环,通过生物循环链来进行农产品的生产,所以有机农产品营养品质的优劣取决于种植者对于自然规律掌握的程度。在商品品质上,无公害农产品和绿色农产品都可以做到外观优、耐储藏,但是有机农产品就不一定符合大众对于农产品外观的需要,许多有机农产品个头小、畸形,如果没有有机农产品的认证一般不会被顾客购买。"一品"则是地理标志农产品,指来源于特定地域,产品和相关特征主要取决于自然生态环境和历史人文因素,并以地域名称冠名的特有农产品,如"龙井茶""百色芒果""双流枇杷"等。地理标志农产品在保证安全品质的基础上,更强调因特有的地理环境因素形成的农产品营养性品质和商品性品质的独特性,比如"龙井茶"具有色翠、香郁、味醇、形美四个独有品质特征组合,"百色芒果"具有果皮鲜艳、核小肉厚、纤维少等特征,"双流枇杷"具有个大、肉厚、耐运输等特征。

2. 当前市场中的品质指标内涵

除了"三品一标"这样官方的品质指标之外,市场上对农产品品质的衡量指标最常见的是优质率和优果率,这一指标多用来衡量农产品的商品性品质。农产品优质率是指市场交易中市场(顾客)认可的优质农产品占总产品的百分比,即优质农产品量/农产品总产量×100%,农业生产标准化程度越高,农产品优质率越高。农产品优果率多用于有果型的农产品,在苹果优果率的判断中,病虫果、日灼果、裂果、畸形果、伤果及锈斑果等统称为劣果,没有这些瑕疵的称为优果,苹果优果率即为无瑕疵果质量/总产量×100%。综合这些指标,无论是优质率还是优果率都是合格农产品产量/农产品总产量×100%。如何鉴定农产品是否合格,可以从企业收购的比例来看,企业收购的农产品即为市场需要的农产品,可以认定为合格的农产品,因此可以确定:农产品达标率=企业收购的农产品量/农产品总产量×100%。

另外,市场上也开始出现一些营养性品质指标比较明确的农产品,如17.5°橙、雪花牛肉和富硒米等。美国农业部 USDA 的分级标准将 A 类橙汁的糖酸比界定在 12.5°~20.5°之间,平均糖酸比为 17.5°,在这个糖酸比范围内的橙子酸甜可口。农夫山泉 2007 年开始研究橙子的种植和果园的管理,经过七年的摸索,于 2014 年推出名为 17.5°橙的鲜橙产品,上市以后受到消费者的青睐,受欢迎的最大原因在于每箱农夫山泉 17.5°橙都经过严格的筛选,果型、大小、口感都基本一致,保持了极高水准。糖酸比为 17.5°是典型的营养性品质指标,而果型、大小和口感则是商品性品质指标,这些品质指标的明确,不仅便于消费者辨识,也有利于形成品牌效应。雪花牛肉是指脂肪沉积到肌肉纤维之间形成明显的红白相间状似大理石花纹的牛肉,这种牛肉的营养价值比普通牛肉高出很多,而雪花牛肉的大理石纹是判断牛肉营养品质的关键指标。富硒米中的硒是一种维持人体正常机能不可缺少的微量元素,硒具有抗氧化、增强人体免疫力、延缓衰老的作用,而我国是缺硒大国,中国营养学会对我国13 个省(市)的调查结果显示,每人日均硒摄入量远低于世界卫生组织推荐的最低限量。富硒米是通过在种植稻米时候补硒,从而生长出来富含硒的大米,天然的富硒米则从富硒产区中生产出来,因此富硒米中硒含量是一种营养性品质指标,而富硒米则是功能性农产品,具有保健的功能。从以上几个例子可以看出,品质可以用一组明确的指标来衡量,这些指标能够满足消费者的需要,因此对于高品质农产品来说,品质指标应该尽可能明确,以便消费者按照自己的需要选择相应品质的农产品。

(三)农产品生产过程中品质控制的关键因素分析

农产品品质的影响因素包括两个方面:一是作物的品种特性,属于遗传因素;二是环境因素,包括温度、光照、水分、养分等。有学者认为,除了品种和环境因素以外,还有人们的生活习惯和文化氛围也决定了农产品的品质,即不同地方的人的生活习惯和文化差异导致对农产品外观、口感等的主观评价不同,从而决定了农产品的品质好坏。这种认识更偏向于消费者需要方面,并不是影响农产品品质的本质因素,因此影响农产品品质的因素主要是品种和环境。

在农产品生产过程中,农产品品质主要受到品种的影响,品种即遗传基因,决定了农产品的大小、营养成分、色泽、口感等,因此品种的选择对于农产品的品质有至关重要的作用,也就是俗话说的"种瓜得瓜,种豆得豆"。在此基础上,保障适宜的环境因素才能达到该品种最好的品质,如果外界环境不能达到该品种需要的最优生长条件,那么就会出现"橘生淮南则为橘,生于淮北则为枳"的情况。环境因素包括光照、温度、水分、空气、土壤等,这些因素都可以通过种植方式来进行调节,日光灯补光可以增加光照时长,相反用遮阳网可以减少光照;温度可以用日光温室或大棚来调节;水分可以通过灌溉设施来控制;通风可以通过合理密植和疏枝来进行调节;土壤肥力和通气性可以通过合理施肥来提高。因此,影响生产环节的农产品品质的因素来自两个方面:品种选择和种植方式。

提升农产品品质的关键在于品种选择和种植方式。在小农经济体系中,农户在选择品种时主要依赖自身的种植和销售经验,有时会受到种子种苗销售商的误导,从而选择不适合当地环境的品种或与已有种植经验相差较大的品种,导致农产品品质降低、产量减少甚至颗粒无收。相比之下,农业企业在这方面的责任更为重大,它们会统一、慎重地选择品种,并发放种子种苗给合作农户种植,以降低农户被欺骗的概率。此外,农业企业相对于农户更易获得社会上的科技资源,它们可以通过与高校、农科院等科研院所合作,共同研发品质更优的农产品。更进一步,农业企业可以借助战略联盟来控制和研发种质资源,从而更有利于从源头上把控农产品品质。总之,通过品种选择和种植方式的合理控制,以及农业企业和科研院所的紧密合作,有助于提高农产品品质,保障农业生产的稳定和可持续发展。

在生长环境控制方面,传统耕作模式下的农户会根据经验,结合作物生长情况,通过疏花疏果、施用农药化肥和控制水分来保持作物生长的最佳状态。在传统农业中,农户实现了生产者与管理者的统一,单个农户既是生产者也是经营者,既要自己生产又要自己销售,既是生产过程的实施者也是监督者,既是受益者也是风险承担者。一般情况下,农户投入的劳动越多,农产品品质越好,具有商品性的农产品比例越高,最终的市场价越高。但正如恰亚诺夫研究的那样,农户投入劳动的多少取决于辛苦程度和消费满足感,只要一定品质的农产品得到的收益能够换取他相对应的消费满足感,他就不会再去追加劳动,使品质更好。因此,传统农业中的农户生产农产品的行为带有天然的保守性,并不会对品质进行过度的追求,而工商资本农业企业不同,天然的逐利性会促使他们追求更加优质的品质以取得竞争优势。

工商资本农业企业下,农户要么成为企业的工人,要么成为企业农产品的上游供货商,或者形成一种介于两者之间的利益共同体关系,原来的传统农业生产过程由于企业主体的介入在不同程度上有了更加明确的分工。农户负责生产,企业负责经营,农户是劳动的实施者,企业是劳动的监督者,农户希望得到更加有保障的收入,而企业更多承担自然风险和市场风险。但由于工商企业整体缺乏对农业生产的管理经验,企业与农户之间对于生产技术的信息不对称情况严重,因此无法合理分配农户与企业的利益,最终导致农户在生产过程中表现出较强的机会主义倾向,更多地倾向于降低辛苦程度同时能够获取相应的利益。拿具体种植环节来说,高品质农产品种植过程不能用除草剂,需要人工除草,如果雇用的农户是按工时计算工资的,那么就会出现管理人员在的时候农户积极除草,管理人员不在的时候"磨洋工"的现象,农户除自家的草可能半天就能除掉2亩地,而同样除企业2亩地的草则需要一天,劳动力成本大大提高。在果树管理中,适当时候需要修剪树枝,修剪是要去除消耗营养的非果枝留下果枝,保障果树的营养有效供给到水果里。技术员的培训指导可以让农户分辨果枝和非果枝,但在具体修剪过程中,清晰分辨两种果枝需要一定时间,农户很可能追求速度而不按技术员的指导随意修剪,从表面上看也花费了很多劳动,完成了规定的任务,但剪掉的可能大部分是果枝,留下了不能结果的非果枝,最终导致果园减产,造成的严重后果也找不到对应的农户,也难以确定是否是该环节的问题。果菜类蔬菜和水果的疏花疏果也有这个问题,每根果枝上保留的果子的数量决定了果子的品质,留的果子越多,果子的个头越小,甜度越低,因此需要对作物进行疏花疏果。进行疏花疏果劳动时,企业如果按照工时来算工资,农户就会出现"磨洋工"现象;如果按照面积来算,农户随便摘掉花和果应付工作;企业如果检查质量需要每棵都检查,监督成本又太高。从农产品整个种植过程来看,除了机械能够完成的环节,几乎每个人工环节都不能实现有效的监督与控制,农户随时都有"偷懒"的可能,农户的劳动投入不够,最终必然导致农产品品质的下降。因此,控制农产品的品质首先要有标准的种植方式,然后企业要对农户的劳动行为进行控制,使农户遵循企业的生产要求进行农产品标准化品质型生产,产出符合企业标准的高品质农产品。

(四)农产品生产过程中品质控制目标

农产品品质是衡量某种农产品满足市场需求的明确指标。对于企业而言,特别是工商资本企业,在进入农业生产领域时,首要任务是了解市场对某类农产品的需求,并将其转化为具体的品质指标。有了明确的品质指标,工商资本企业可以充分利用其资源组织能力,在最大范围内寻找满足市场需求的相应农产品。如果市场上的农产品无法满足当前的市场需求,工商资本将采取后向一体化战略,投资建设现代农业生产基地,生产符合市场需求的品质型农产品。影响农产品品质的主要因素是品种和种植方式,而品质控制的关键在于品种的选择或研发以及品质型农产品的标准化生产管理。因此,对于工商资本进入农业生产环节而言,农产品生产过程中品质控制的目标应是在确保安全性品质的前提下,以市场对品质的需求为导向,制定农产品生产过程中的全面质量管理标准。通过建立与农户的利益共同体关系,激励农户对企业标准进行有效实施。

企业通过市场研究明确市场对于农产品品质的需要,将需要量化为具体的三类品质指标,这些明确的品质指标指导企业的品质管理。企业一方面联合科研机构或者自建研发部门对品质型农产品品种和生产管理标准进行研究和试验,另一方面与农户建立合理的生产组织形式,结合品质型农产品生产管理标准、运用适宜的企业管理方法对农户的生产行为进行控制,最终生产出满足市场需要的品质型农产品。

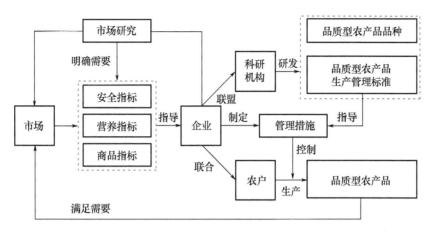

图 5.2 市场需求导向下工商资本农业企业农产品生产品质控制的一般过程

二、农业企业带动农户品质提升的组织模式与绩效

1. 杭州萧山舒兰农业有限公司案例研究

杭州萧山舒兰农业有限公司(简称舒兰农业)是一家以绿色蔬菜生产、保鲜、加工、配送产业化为特征的农业企业。1989 年尚舒兰夫妇到萧山围垦区创业,进行农产品的生产,发展到目前共在萧山垦区流转土地 1 200 亩、核心蔬菜基地 800 亩,并在萧山、绍兴垦区等地建有配套生产基地 6 000 亩,全年绿色蔬菜生产保鲜配送能力达 1.2 万吨。舒兰农业被评为全国设施农业装备与技术示范单位、浙江农业科技示范园、杭州市最大应急性叶菜生产功能区、杭州市"菜篮子"工程建设先进基地和浙江农华优质农产品配送中心优质蔬菜生产供应基地。基地生产的萝卜、黄瓜、鲜食大豆等 13 种主导产品被认证为国家 A 级绿色食品,"尚舒兰"牌生鲜蔬菜多次荣获浙江农业博览会金奖,"尚舒兰"蔬菜被认定为浙江省名牌产品,产品 80%供应杭州市世纪联华超市,20%配送至机关食堂,现有专卖店(超市专柜)15 家,已经形成尚舒兰省级品牌。2015年销售额 7 800 万元,税后利润 110 万元;2016 年销售额 8 600 万元,税后利润120 万元;2015 年被评为消费者信得过单位。

之所以选择舒兰农业作为研究对象,主要是因为舒兰农业的蔬菜长期保持良好的品质,广受消费者青睐,其对农产品生产过程、品质控制过程和生产组织形式具有很重要的研究价值。舒兰农业采用典型的产业工人模式,这种模式从理论上来说并不是最优的生产组织形式,但舒兰农业经过长期的管理实践成功运用了产业工人模式,这对工商资本农业企业的生产组织形式的选择具有很重要的借鉴意义。

根据前文对品质控制流程的梳理,可重点关注三部分内容:一是企业是否能够明确消费者对于农产品品质的需要;二是企业是否具有高品质农产品的品种和生产流程研发功能,功能的实现效果如何;三是企业如何组织农户的生产,是否能够有效保证农产品的品质型生产,其保证条件是什么。针对每部分问题,将其细分为各子问题,如表5.1所示。

表5.1　舒兰农业案例研究重点关注内容

品质控制流程	关注内容
市场需要	小市场研究情况;消费者需求情况
品种及生产流程研发	科研院所支持情况;生产流程试验情况
生产过程的品质控制	组织结构管理架构;人员管理方式;农户生产行为控制

（1）市场需求的明确

舒兰农业对于市场信息的采集工作主要由商超导购员承担。商超导购员负责上报每天蔬菜的销售情况,预估第二天蔬菜的种类和需求量。导购员在与消费者频繁交流的过程中获取消费者对于产品的品类、口感、商品性的需求,并及时反馈到生产端,生产端进行相应的调整。舒兰农业对于市场的把握主要依靠长期的经验积累和导购员对于消费者需求变化的及时反馈,没有专门的市场需求研究部门,这方面的欠缺导致生产端每季的生产计划制订并不科学。2016年,基地根据上一季的销量情况种植了大量大葱,结果造成严重滞销,而且基地每季度种植的叶菜类都有一定程度滞销,滞销的产品只能用来制作腌菜。

（2）品种及生产流程研发

舒兰农业长期与浙江省农科院合作,专门为农科院开辟一块试验田,供科研人员进行新品种大田推广试验和水肥试验。基地品控员负责新品种的跟踪试验,主要记录新品种种子的出芽率、长势、产量和口感,确定新品种是否可以引进。另外,品控员针对每种农药化肥施用的效果进行记录,选出效果相对较好的农药化肥。拿毛毛菜来说,农科院会不定期研发出新的毛毛菜品种,新品种会在舒兰农业的试验田中进行试种,最终的产品会先供应基地内部员工食堂,让员工先评价新品种的口感,然后再供应到消费端。对于毛毛菜的种植过程,公司经过长期试验,发现多施用有机肥、控制农药的使用量确实能明显提高毛毛菜的口感,因此公司通过生物发酵技术,将猪粪与秸秆发酵以后的沼液通过水肥一体化设施喷洒在毛毛菜地里,既能防止土壤板结,又能够提高蔬菜产量和口感,形成了行业独有的竞争优势。再比如散花菜,散花菜是农科院研制的新品种,与普通花菜相比,烹饪的时间更短一些,而且口感脆嫩,有甜味,普通花菜在炒的时候,时间久了容易烂,但散花菜不易烂。这种花菜最先在舒兰农业基地试种,产品口感受到基地员工的一致好评,但推向市场时却大量滞销。原因是普通花菜长老了以后的形态与散花菜相似,很多消费者认为散花菜是长老了的普通花菜。但舒兰农业坚持在市场上推广,虽然第一季滞销严重,但此后销量逐渐上升,散花菜成功被市场接受,目前杭州市面上的散花菜已基本取代普通花菜。

(3)生产过程的品质控制

①农资控制方面

基地采购的农资品种由董事长确认,采购完以后统一堆放在仓库,基地不能使用其他任何外来农资。两个基地负责人判断地块要施用的农药化肥种类和数量,报品质管理员审批,品质管理员记录农资出库的种类、数量、施用的地块等,一方面容易溯源,另一方面便于进行对比试验。

②技术培训方面

前几年公司每年会给农户集中培训一到两次,培训的老师为农科院专家,但是生产负责人发现培训的效果不明显,对于品质和质量安全把控还是需要生产负责人监工。因此现在不对农户进行技术培训,只对负责人进行培训,负责人再对农户进行田间技术指导。

③生产过程中的管理

因为舒兰农业已经有研发部门对品种和生产过程进行研究,也有相应比较标准的种植技术,因此对于生产的管理主要是监督标准的实施。负责人兼任技术员都是种植经验非常丰富的专业农民,如谢师傅对果菜类蔬菜种植的经验有30年以上,韦师傅对于叶菜类蔬菜种植的经验有15年,他们对农户生产过程进行技术指导或动作指导,同时对农户劳动过程实施监督并打分。负责人有提高或降低某农户小时工资的权力,农户劳动的态度和表现决定其能拿到多少额外工资,这样的方式有效防止了农户的机会主义行为,促使农户按照技术员指导的生产标准来进行劳动。

④质量安全管理方面

舒兰农业产品质量安全信息纳入政府的质量安全管理平台,每年政府会给予 6 万~7 万元的检测补贴,要求基地每年上传 1 000 个批次的农产品质量安全检验结果,每个批次为 8 个不同种类的农产品,意味着平均每天要检测近 3 个批次的 24 种农产品,检测结果自动上传。在集中成熟季节,检测的农产品会更多,检测更频繁,基本每种蔬菜每天都要检测一遍,如果检出农药残留超标,数据也会自动上传,该批蔬菜必须销毁,并报备案。除了基地按要求上传检测结果之外,政府每个月都会到基地检测一次。另外,公司还加入了政府的气象记录平台,每天需上传每个数据点的照片和气象数据等。

这种农业产业工人式的生产组织形式面临的最大问题是如何有效管理农户的生产过程,这个问题与西方资本主义发展初期企业管理遇到的问题有很大相似之处。在资本主义发展初期,大部分工人是从家庭劳动中脱离出来进入工厂工作的,工厂主对劳工工作效率的评价多是主观的、经验式的,工人劳动的效率参差不齐,"磨洋工"现象普遍存在。泰勒的《科学管理原理》最先对"磨洋工"现象进行了科学研究,开启了现代企业科学管理的大门。泰勒认为员工的"磨洋工"现象根源于人的天性、工人的误解、旧的经验主义管理方法及管理体制的缺陷等。首先,他认为应该对工人操作的每个动作进行研究,规范每个动作,使操作条件和流程标准化;其次,他主张根据岗位科学地选择合适的人并进行培训教育,使之成为该岗位标准的员工;再次,他认为管理部门应该和工人分工合作,管理部门要进行科学的工时、动作和工具研究,制定标准、方法和计划来激励和约束员工;最后,他主张实行计件工资制,提倡管理者和工人密切协作。泰勒的科学管理理论对研究企业约束农户行为有很重要的借鉴意义。

舒兰农业的工人在脱离家庭劳动后,工作效率存在差异,且容易产生"磨洋工"的现象。为提高生产效率,舒兰农业借鉴泰勒的科学管理理念,对农产品的生产过程进行深入研究,使操作步骤逐渐标准化。在浙江省农科院的支持下,舒兰农业的品控员和生产负责人共同研究,虽然没有形成正式的标准化文件,但生产负责人已严格执行这些标准操作流程。此外,舒兰农业在工人分工方面也借鉴了泰勒的管理方法,如将重活如开垄和装卸货固定由男工承担,农活如种植采摘主要由女工承担。针对每个人特点,为他们分配不同的生产环节岗位,包括育苗、定植、生产管理和采收,使每个人都能熟练地掌握自己的工作内容。在管理部门方面,舒兰农业借鉴泰勒的理念,设立专门负责监督和激励的部门。生产负责人对工人的动作进行指导、监督和考核,确保他们按照标准操作流程进行工作。在工人激励方面,由于劳动成果不能马上呈现,公司采用根据工作时间发放工资的方式。生产负责人有权提高或降低小时工资,并时刻对工人进行监督,从而避免他们实施机会主义行为。这种管理方式有效地提高了工人的工作效率和农产品的产量与质量。

对于这样的管理方式,虽然能够有效控制农产品的生产过程,但遇到了泰勒科学管理方式实施时同样的问题,就是工人在"工头"的监督管理之下异常劳累导致罢工或离职。舒兰农业的工人每天工作时间在 10 个小时以上,最多的达到 17 个小时,工人数量从 2015 年的 100 人,减少到 2016 年的 60 多人,到 2017 年底只剩下 40 多人,其中一个生产负责人说已经 18 年没回家过年了,现在舒兰农业最大的问题就是用工问题。公司也曾尝试招聘本地的农民,然而本地农民往往工作不到一周就辞职,原因是无法接受这么大的劳动量,也不愿意服从两个外地生产负责人的"监工"。诚然,舒兰农业蔬菜达标率为 90% 以上,农产品的品质控制绩效较好,而且部分农产品已经走出国门销往韩国、日本等国,舒兰农业对于农产品品质的控制也在行业内处于领先地位,但作为现代企业来说,在追求企业目标的同时也应该关注员工的福利问题。

另外,本案例中的品控员是园艺专业毕业的大学生,从 2015 年开始实习到现在一直在舒兰农业进行品种试验和生产过程试验,能够和农科院专家进行有效对接,实现企业的新品种和标准化流程的研发目标。技术员是种植经验丰富的农户,能够掌握农作物的生长规律,而且对新技术有一定的接受和转化能力,能够指导农户的种植过程,实现标准化种植技术的落地实施。农户则来自河南、湖南和广西等偏远地区,是 40~50 岁的壮年劳动力,这类群体没有其他谋生本领,又需要赚钱来供子女上学,机会主义行为倾向较小,经济激励能起到比较明显的效果。

在产业工人模式下,舒兰农业在品种及生产流程研发方面的做法很值得借鉴。企业内设立研发岗位,与农科院联合研发推广新品种,并进行标准化生产过程的研究,能够将科技与产业紧密结合,形成品种和技术优势。在生产组织形式方面,舒兰农业通过"品控员+技术员+农户"的管理模式,设立技术员兼负责人的岗位,安排经验丰富的专业农民监督记录农户的生产过程,将农户生产过程中的态度和表现与工资挂钩,控制了农户的机会主义行为,防止农户"磨洋工",从而有效地将品质型农产品生产标准落地实施,形成了企业的生产管理制度优势。另外,产业工人模式下工人的劳动量比较大,而且要受到更加频繁的监督,因此这种模式更加适用于有大量外地工人资源的企业。

2. 浙江义远生态农业有限公司案例研究

浙江义远生态农业有限公司的有机农场(简称义远有机农场)位于浙江省湖州市德清县的劳岭村,成立于2010年,由海明控股有限公司投资,总投资1亿元,截至2016年完成投资总额6 000余万元,流转土地2 000余亩,主要经营业务为有机稻谷、特色瓜果、有机蔬菜、有机农作物、生态旅游等产业开发等。公司领导人梁铭为海明控股有限公司经理,杭州十大女装品牌"古木夕羊"品牌创始人之一,旗下还有多个服装品牌。

义远有机农场是浙江省最大的有机农场之一。它的农产品生产遵照国际有机农业生产标准,土地流转过来以后先进行4年的休耕和土壤改良,然后在土壤检测达标之后才开始投入生产。生产中不使用转基因种子,不使用化学合成的农药、化肥、生长调节剂、饲料添加剂等物质,选取符合国家标准的有机肥作为肥力来源,采取物理防治结合符合国家标准的生物药剂防治来减少病虫害,遵循自然规律和生态学原理,协调种植业和养殖业的平衡,采用一系列可持续发展的农业技术以维持持续稳定的农业生产,为消费者提供高品质的有机农产品,促进和倡导健康的有机生活方式。义远有机农场现已搭建单体大棚115亩,连栋大棚3 000平方米,玻璃温室大棚250平方米,物流中心稻谷存放面积500平方米,配送周转车间100平方米,包装加工中心面积300平方米。产品主要面向本地高端客户,配送上海、杭州近800户家庭,配送范围锁定在三小时车程以内,确保会员家庭随时可以享受到营养、新鲜的有机蔬果。在杭州大厦设有零售专柜,产品价格一般为普通农产品的10倍以上,可以说是农产品中的奢侈品。公司现已被评为湖州市重点农业龙头企业、德清县诚信农产品基地、德清县食品药品安全工作先进单位、莫干山镇休闲度假先进单位等。

选择义远有机农场作为研究的对象,主要基于两点:一是有机种植由于不施用常规农药化肥,对于种植技术方面要求更高,需要公司对农户生产过程进行更多的控制;二是义远有机农场内部的生产组织形式是产业工人模式和返租倒包模式并存,便于进行生产组织形式的对比研究。

（1）义远有机农场农产品生产组织形式及品质控制分析

义远有机农场有 400 亩蔬菜,包括 237 个蔬菜大棚和露天蔬菜种植地块。笔者在 2017 年 4 月调查时,蔬菜种植面积实际利用 300 亩,大棚实际利用 150 多个。生产组织架构为技术部(2 个技术员)、种植部(3 个技术员)和农民工(11 个人)。技术部主要负责育苗和每批次农产品的农药残留检测;种植部主要负责蔬菜的种植技术指导和农民工工作的分配;农民工分为两种,一种是返租倒包模式下的农民(6 个),另一种是产业工人模式下的农民(5 个)。

产业工人模式下农民的主要工作是协助技术部进行育苗和蔬菜的种植,也负责整个园区的日常维护,例如机耕路边的除草等,工作服从技术员的安排,工资为每天 110~120 元,每月结算工资并发放,每年根据具体态度和表现情况会发放一定的奖金,如果技术员发现某农民工作态度不好,可劝退该农民。返租倒包模式下的农民主要负责自己承包地块或大棚的蔬菜种植,公司提供种子、种苗、肥料等农资,统一生产标准,并提供技术指导和培训。公司会在每季度开始之前,根据销售端的需要发布某品类农产品的需求量、达标产品的要求以及收购价,认为自己能够生产出符合要求的农产品的农户可以来承包公司土地进行相应农产品的生产并服从技术员的指导。据调查统计,每个承包农户平均承包 15 个的蔬菜大棚,合 7 亩左右,种植 2~3 个蔬菜品种,每户每年收入为 5 万~6 万元。

义远有机农场在品种选择和生产技术研发方面具有明显优势。其技术团队由 5 名学习农业技术的大学生组成,他们在技术探索和试验方面表现出色。为了获得更好的种植效果,他们会进行不同品种蔬菜的品质对比试验,以及种植技术规程的对比试验。在这个过程中,技术员们不断尝试探索更佳的施肥方式,并研发优质有机肥料。为了确保产品质量的可追溯性,技术员每天都会对农民的种植流程进行纸质化记录,并将这些数据录入电脑。这样,一旦出现质量问题,就可以迅速追溯到相关环节,并进行针对性的技术改良。此外,义远有机农场还与浙江省农科院蔬菜所建立了紧密的合作关系,聘请专家作为技术顾问。这些专家每月都会到园区进行现场指导,为品种的选育和优化提出建设性建议,同时为农场提供丰富的品种资源。

在植物保护方面,专家们会详细分析新型病虫害,并与技术员共同寻找解决方案,以优化种植流程。这种合作模式有助于提高义远有机农场的整体生产效率和产品质量,为公司的持续发展奠定了坚实的基础。

在生产管理方面,对于产业工人模式下的农民,义远有机农场的管理方式类似于舒兰农业的管理方式,即有具体分工,每天由技术员安排工作,年度奖励主要看工作态度和表现;与舒兰农业不同的主要是这里的农民都是本地人,每天下班回家,工资月结,工作压力没有舒兰农业那么大。对于返租倒包模式下的农户,企业控制了农资的输出,保障了农产品基本的安全性品质,另外有机种植不用常规农药和化肥,病虫害的防治、产量和品质的提升主要依靠技术指导,而农户最终的收入取决于产量和品质,因此农民只要遇到种植问题就会主动寻求技术员和专家的帮助。

(2)对于义远有机农场两种组织模式下农户的调查及分析

农户基本情况方面,义远有机农场的农民工都是本地人,大多为50岁以上,60岁以上的有4人,老龄化严重。农民工中仅有1个男性,该男性处于返租倒包模式下。农民工的文化水平都为小学及小学以下,文化程度很低。收入来源方面,两种生产组织形式下农户的收入来源不仅限于农业。卡方检验表明,两种生产组织形式下农户的基本情况没有显著差异。

农户态度方面,问卷统计分析表明,在对农产品的品质重要性认知方面,义远6个返租倒包模式下的农民有5个认为农产品的品质十分重要,而5个产业工人模式下的农民有2个认为重要,2个认为一般,还有1个认为不重要(见表5.2)。

表5.2　两种生产组织形式下农户对于品质农产品的认知交叉分析　单位:人

		生产组织形式		合计
		产业工人	返租倒包	
品质重要性	十分重要	0	5	5
	重要	2	1	3
	一般	2	0	2
	不重要	1	0	1
合计		5		11

在品质型农产品的生产意愿方面,返租倒包模式下的6个农民都十分愿意为企业生产优质农产品,因为优质农产品的数量决定了他们的收入;而产业工人模式下的5个农民,有4个对于是否愿意为企业生产优质农产品感觉无

所谓,有1个甚至不愿意为企业生产优质农产品,认为优质农产品生产与他的收入无关,而且会更加辛苦(见表5.3)。

表5.3　两种生产组织形式下农户对于品质农产品的生产意愿交叉分析 单位:人

		生产组织形式		合计
		产业工人	返租倒包	
是否愿意生产	十分愿意	0	6	5
	一般	4	0	4
	不愿意	1	0	1
合计		5	6	11

在两种生产组织形式下对农户对于品质的态度和是否愿意为企业生产高品质农产品进行相关性检验,由于两者都为定序变量,因此用 Spearman 等级相关系数进行相关性检验,检验结果 P 值小于 0.01,表现出极显著的相关性,结合 Fishbein 提出的多属性态度理论,农户对于农产品品质的态度决定了农户为企业生产高品质农产品的行为意向(见表5.4)。

表5.4　农户对于品质型农产品的认知与生产意愿相关性检验

			品质重要性	是否愿意生产
Spearman 的 rt	品质重要性	相关系数	1.000	0.893
		Sig.（双侧）	—	0.000
		N	11	11
	是否愿意生产	相关系数	0.893**	1.000
		Sig.（双侧）	0.000	—
		N	11	11

在对待技术员的技术指导和专家培训的态度方面,返租倒包模式下的农民都认为技术指导和专家培训对提高农产品品质非常有用;而产业工人模式下的农民有3个认为技术员的指导比较有用,2个认为一般,5个农民都认为专家培训对于提高农产品的品质效果一般(见表5.5、表5.6)。

表 5.5　不同生产组织形式下农户对待技术员指导的态度分析　　　单位:人

		合作关系		合计
		产业工人	返租倒包	
技术员指导 是否有用	非常有用	0	6	6
	比较有用	3	0	3
	一般	2	0	2
合计		5	6	11

表 5.6　不同生产组织形式下农户对待专家指导的态度分析　　　单位:人

		合作关系		合计
		产业工人	返租倒包	
专家培训 是否有用	非常有用	0	4	6
	一般	5	0	5
合计		5	4	11

　　检验表明,不同合作模式下农户对于品质的态度、是否愿意生产品质农产品、认为技术员的技术指导和专家的技术培训对提高农产品品质是否有用有着显著的不同($P<0.05$)。综上,两种模式下的农户对于品质和技术有着截然不同的态度,在返租倒包模式下,农户对生产高品质农产品的积极性更高,对于高品质农产品的认知、对于技术培训和指导的看法显得更加积极。

　　企业管理措施方面,返租倒包模式下的农户一致表示在种植过程中经常受到技术员的指导,每个月都会参加一次专家的技术培训,而且技术员对他们的监督会更频繁;产业工人模式下的农户一致表示在种植过程中技术员偶尔会指导他们,他们也没有参加过技术培训,而且技术员对他们的监督也比较少。用 t 检验来确定两种生产组织形式下企业对农户的培训和监督是否具有差异,结果显示 $P<0.01$,说明返租倒包模式下农户受到的培训和监督更多。结合农户的态度来分析,产业工人模式下的农户既没有认识到品质的重要性和专家、技术员指导的重要性,也没有受到相应的监督和培训;返租倒包模式下的农户在受到频繁的指导和监督的情况下,没有表现出态度上的抵触,反而更愿意为企业生产高品质农产品,也愿意听从技术员和专家的指导。在薪酬

支付方式和奖励依据方面,返租倒包模式下的薪酬支付方式为企业定价收购,按照品质和产量进行奖励;产业工人模式下的薪酬支付方式为固定薪酬,按照工作态度和表现进行奖励。

对影响高品质农产品生产绩效的因素进行分析。由于变量多为定序变量,因此先用 Spearman 等级相关系数来进行相关性分析。Spearman 相关性分析结果显示,生产组织形式、年龄、收入来源、对专家培训的态度、技术员的田间指导频率、技术员的监督频率、薪酬支付方式和奖励依据与达标率呈显著相关($P<0.05$)。利用两个独立样本 t 检验来对产业工人模式和返租倒包模式下达标率的平均值进行检验,结果显示返租倒包模式下样本达标率的平均值为0.82,大于产业工人模式下的达标率0.70,且在置信区间百分比为95%的情况下,对应的概率 P 值为0.027,因此两种组织模式下的农产品达标率平均值具有显著性差异,返租倒包模式下的平均达标率显著高于产业工人模式下的平均达标率。用 Spearman 相关性检验表明年龄对达标率的影响为正,可以说年龄越大达标率越大,但年龄和达标率都为等距变量,因此再用 Spearson 检验两变量的相关性,结果不显著,因此可以否定年龄影响达标率的结论。收入来源与达标率呈负相关关系,由于问卷设计的收入来源中农业占比越高相应数字越小,因此可以说收入来源中农业收入占比越高,达标率越高。对于专家培训的态度和技术员的田间指导频率以及技术员的监督频率与达标率呈负相关关系,因此可以说农户对专家培训能提高达标率的态度越积极,最终生产的农产品达标率越高,技术员的田间指导频率和监督频率越高,达标率越高。由于已经证明两种生产组织形式下达标率平均值有显著性差异,而生产组织形式的差别就体现在薪酬支付方式和奖励依据方面,这两个变量是组织形式所决定的变量,因此薪酬支付方式和奖励依据自然对达标率具有显著影响,在定价收购与按照品质和产量进行奖励下的达标率显著增强。

在高品质农产品生产方面,农户的态度和生产意愿并未对最终达标率产生显著影响。计划行为理论认为行为意向直接决定行为,但在本案例中,农户的行为意向并未直接决定达标率。这可能是因为品质型农产品的生产行为与达标率之间存在其他中间变量。同时,如果达标率作为高品质农产品生产行为绩效的综合指标,那么农户心理因素之外的变量可能影响了农户的高品质农产品生产行为绩效。在本案例中,障碍因素和外在变量可以解释为企业对农户的管理方式或农户的生产组织形式。而个体技能和个体行为目标可以解释为农户对有机农产品生产技术的掌握程度和农户对农业收入的目标。例如,农户的收入来源显著影响达标率。此外,农户对技术员田间指导的态度并未显著影响最终的达标率。这可能是因为在义远有机农场中,专家指导较为频繁,而技术员主要负责日常的田间指导和监督,因此农户在心理上更依赖专家的指导。这一现象表明,在高品质农产品生产过程中,除了农户的个体因素外,企业和管理方式等因素也对生产绩效产生重要影响。

在市场需求把握方面,义远有机农场定位于高端客户,将农产品的品质和产量与家庭配送、体验店专柜客户的需要相对应,并且制定了农产品的达标标准,实现了产销对接。在品种及生产流程研发方面,义远有机农场聘请浙江省农科院技术专家定期对农场的生产活动进行指导,并且专家与企业的技术员进行了系统的品种和种植方式试验,探索标准的种植技术流程,农场的农户一致认为技术专家的技术指导对提高农产品品质有用。在生产组织方面,义远有机农场采用两种生产组织形式,产业工人模式下的农户完成标准化程度比较高或者不容易"磨洋工"的任务,每天固定上下班时间,加班会有加班费,农户的工作压力较小;返租倒包模式下的农户完成单品类的季度生产任务,最终产品的产量和品质决定了农户的薪酬,农户的态度和高品质农产品生产行为都比较主动。

在农业产业中,返租倒包模式下的农户生产出的农产品品质明显优于产业工人模式,且农户更愿意遵循企业的技术标准进行品质型农产品的生产。这两种形式的主要区别在于薪酬发放方式和奖励依据。产业工人模式采用固定薪酬,奖金根据工作态度和表现发放;而返租倒包模式则采用定价收购方式,农户的收入与农产品的品质和产量挂钩。返租倒包模式更有利于提升农产品品质,因为它将品质和产量与收入关联,激励农户生产高品质农产品。

工商资本农业企业在采用返租倒包模式时,应统一提供农药化肥以确保农产品质量安全,并与科研院所合作研究农产品品种和标准化生产流程,形成技术竞争优势。在管理农户方面,企业应制定农产品收购的品质标准,将品质与农户收入挂钩,使农户由被动接受变为主动采纳技术员指导和专家培训,提高标准化生产流程的实施效率,从而形成企业的生产管理制度优势。返租倒包模式使农户的劳动时间更加自由,符合农户原有生产习惯,便于企业组织当地农户进行生产,适合工商资本进入农村带动农户增收致富。

3. 蓝城农业科技有限公司案例研究

蓝城农业科技有限公司(简称蓝城农业公司)前身为绿城现代农业开发有

限公司(简称绿城农业公司),其投资母公司为绿城集团。绿城集团在 2006 年上市以后,开始以多元化发展为战略目标,在保留房地产产品和服务优势的同时,逐步进入代建、医疗服务、养老地产、现代农业等领域,绿城农业公司应集团发展需要而产生,是典型的工商资本农业企业。2012 年,绿城集团和浙江省农科院合作成立绿城农业公司,定位为科技型农业企业,生产基地于 2012 年11 月在浙江省嵊州甘霖、崇仁两镇开始建设,规划面积 13 000 亩,其中 504 亩的现代农业科技生产示范区于 2014 年 5 月建成并对外开放,生产基地被授予浙江省省级农业高科技园区、浙江省农业科技企业、绍兴市院士专家成果产业化培育基地等称号。另外,公司于 2016 年初在杭州市余杭区建成近 7 000 平方米的供应链中心,长期为杭州市及周边 28 家世纪联华超市专柜供货,并为杭州市 69 所学校食堂供货,2016 年销售额约为 3 000 万元。除此之外,在2014 年专门成立蓝城检测公司,科学保障农产品的质量安全,蓝城检测在两年时间内迅速发展,并在 2016 年的 G20 峰会中承担食品安全检测的任务。

　　蓝城农业公司为典型的工商资本农业企业,公司的农产品专柜遍布杭州世纪联华超市,平均价格是普通农产品的 3 倍,品质相对较好,而且有稳定的客户,因此本研究将蓝城农业选作研究案例。蓝城农业公司农产品生产过程中对农户生产行为的控制经历了三个阶段的变化,从最初的产业工人模式到返租倒包模式再到订单农业模式,公司与农产品生产端的关系越来越松散,产品品质控制能力逐渐增强,公司的规模也越来越大,因此对蓝城农业公司的生产组织形式演变过程进行深入研究是很有意义的。

　　(1)第一阶段:产业工人模式遇困境

　　在基地建成之初,公司招录 3 个刚毕业的农业专业大学生作为技术员,分别管理设施温室、露天种植和果树种植。每个区域再按照一定规模划分小区域,每个小区域配备一个当地的农民作为主管,再为每个主管配备 2~3 个固定农民,农忙时技术员会协助主管招聘临时工。每天固定上下班时间,早上 7 点上班到下午 6 点下班,中午休息 1.5 个小时左右。技术员和主管为正式员工,农民工为合同工,农民工工资为每天 80 元左右,如果农忙需要加班,则会发放加班费。不对主管和农民工进行考核,只要这个生产小组服从技术员安排,完成分配的工作就能够拿到工资。

　　这种生产组织形式产生了两个主要问题:一是缺乏先进的农业标准化生产流程。刚毕业的大学生虽然具有很强的技术研究和技术理解能力,但缺乏实践经验,本身还处于学习摸索阶段,因此不能很好地指导主管进行农业标准化种植。而且主管一般是当地有丰富种植经验的老农,因此常常出现主管指导技术员的情况。二是农民工"磨洋工"现象严重。由于农民工工资每天是固定的,没有相应的处罚和激励措施,他们经常会放慢工作速度,降低自己的辛苦程度,以消极的态度对待技术员和主管安排的工作。由于这两个问题,第一季的生产产生了高昂的用工费用,而且农产品的数量和质量都不能得到保障。在这种情况下,公司并没有采取舒兰农业的解决措施,比如加强与科研院所合作、加快制定科学的生产标准、实行弹性工资的制度等,而是用"生产责任承包制"来解决问题。

(2)第二阶段:返租倒包模式节成本

2014年年底,基地开始在果树区和温室区推行"生产责任承包制"。这种"生产责任承包制"是在企业与农民签订的合作协议的保障下实行的,即先由企业和农民共同核定农产品的单位成本和用工数量,并确定单位目标的产量和品质要求(如果树区要求优果率达到75%以上),最终以定额工资的形式承包给农民自发组建的生产小组。同时,生产小组必须服从企业的统一安排,按照企业制定的生产技术流程标准进行生产操作,遵从企业技术人员的指导,生产肥料和物资等都由企业提供。以160亩的果树区为例,分别承包给了由主管俞某带队的甲组和主管陈某带队的乙组,两个小组的年定额工资共为37万元,果树区的日常管理就由两组主管带领农民工进行。另外,甲组和乙组之间相互竞争和学习,通过最终产品产量和质量的比较,竞争下一年单品承包权的归属,如果某组的产量和质量比之前预估得要好,则会另外发放奖金。对于每季表现特别突出的农民,企业还会采用发放奖状和奖金的方式给予奖励。

实行"生产责任承包制"之后,人工成本大大降低。果树区和温室区2014年上半年农民工工资总额为59.2万元,2015年同时期,在生产面积增加了102亩的情况下,农民工工资总额反而下降至42.4万元。基地的生产总成本比2014年同时期下降29%,农产品产量增加24%,达标率提高18%。此外,农民工的工作积极性也有了很大提升。农忙时,生产小组的成员甚至会动员老婆和孩子一起下地抢进度,并且时常会给技术人员带些自做的土特产如笋干菜、榨面等,要求技术人员进行额外的单独指导,用甲组主管俞某的话来说就是:"种得好有奖金,大伙儿都上心!"

这也是一种返租倒包的操作形式,这种形式通过划定地块、组建生产小组以及明确责任分工来将农产品产量和品质与农民收入挂钩,用奖金激励农户的生产积极性,农户由被动管理变为主动劳动,对于技术员指导的态度从抵触变为主动寻求帮助,既节约了成本,又提高了产品的品质和产量。

(3)第三阶段:订单合同模式稳供应

工商企业的一大优势在于能够通过先进的营销手段迅速获取市场,蓝城农业公司凭借母公司的房产客户资源和新媒体营销手段,短期内获取了一大批客户。但由于基地的产品供应量小、种类不全,而且基地距离杭州市较远,农产品不能及时到达客户手中,或者因为长途运输导致品质下降,经常接到客户投诉。2015 年,企业开始将储运分拣仓从嵊州生产基地迁往杭州市。2016年初,杭州市余杭区勾庄供应链正式启用,并先后开拓世纪联华超市专柜和学校、机关食堂配送业务,需求量急剧上升,嵊州生产基地的生产量和生产种类远远不能满足销售端的需求,因此在 2016 年以后,嵊州基地仅作为蓝城农业公司的标准化农业示范展示区,承担的更多是参观游览的功能。

当农产品的产量供不应求时,公司自有的生产基地由于种植品种和数量有限,加之每个品类上市时间不同,不能满足市场端的需求,蓝城农业公司的供应链开始寻求新的生产模式,即联盟基地模式。供应链内部成立产品管理部,在全国范围内寻找优质的农产品生产基地,每种农产品寻找 2~3 个基地,然后实地考察并进行对比,最终确定一个主要供货基地,然后签订订单,约定具体的时间和价格,到期交货,如果交货的品质不达标,则令其尽快更换品质达标的产品,否则会有相应惩罚措施。另外,产品管理部还会在市场上寻找数个供应商,确保一旦因为突发原因断货能够及时补货。在品质控制方面,产品管理部会按照《生产基地现场检查表》来对联盟基地进行考核,考核内容包括5 大类 27 个项目的近 80 个指标,主要包括基地基本信息、产品种类数量和预计上市时间、周围环境检测报告、种子及农产品使用管理情况、生产采收过程、农药残留检测等,考核结果由供应链总经理审批,通过后才能纳入联盟基地范畴。除此之外,供应链还设置品质管理部门,对到货的产品进行验收,包括农药残留的检测及仓储、分拣、包装、运输流程的制定与监督。据 2016 年年底统计,公司的联盟基地共 44 家,分布在浙江、江苏、江西、台湾、黑龙江、吉林、陕西、四川等地,全年产品管理部对基地的生产过程进行指导干预共计 34 次。产品到货后共检测 14 000 余批次,平均每天检测 40 余批次,全年到货发现的不合格产品共 60 余批次,合格率为 99.5%,不合格原因主要为外观质量、新鲜度、成熟度和产品规格等不符合要求。目前,蓝城农业供应链系统已经形成了控制农产品品质的标准化流程,业务规模不断扩大,签约的学校和机关食堂数量稳步增长,超市端消费者需求量稳定,并且在 2017 年初与上市公司绿城服务(股票代码 HK2869)达成战略合作协议。

(4)返租倒包和订单合同模式的对比讨论

在农产品供应稳定性的比较中,蓝城农业公司嵊州基地的返租倒包模式具有明显优势。在此模式下,企业对农产品拥有绝对控制权,从而确保供应的稳定性。相反,在订单合同模式下,优质农产品的供应并不稳定,因为联盟基地有权将产品卖给其他出价更高或需求量更大的企业。在 2016 年初,由于销售端需求量较小,供应链不得不与品质较差的小型基地合作。然而,随着销售端的逐步扩大,供应链与联盟基地的合作也变得更加稳定,为市场提供优质农产品。然而,在优质农产品的交易市场中,供应稀缺,使得供应链只能被动接受价格,无法对生产环节进行控制。综上所述,返租倒包模式在产品供应稳定性方面优于订单合同模式。这种模式使得企业能够更好地掌控优质农产品的生产,从而为市场提供更稳定、优质的农产品供应。

从对农产品的生产过程控制程度上来说,在返租倒包模式下,农户在企业的土地上耕作,最终的收入由企业发放,因此具体的生产操作过程由企业主导;而在订单合同模式下,基地不属于企业,联结基地与企业的只是农产品的买卖关系,因此企业无权干涉基地如何进行生产操作,虽然企业可以对基地进行监督和指导,但由于在制度上无法设置相应的惩罚和奖励机制,因此企业无法主导基地的生产过程。从前面资料分析中可以发现,蓝城农业公司会对联盟基地的生产进行一定的指导和干预,实际上这样的指导和干预对生产流程已经非常规范的基地是没有必要的,只有那些自身难以获取相应的技术资源的基地才需要这样的服务,因此在订单合同模式下,对生产过程的控制取决于科学的生产技术和标准掌握在哪一方。如果从这个角度来重新审视蓝城农业公司嵊州基地的返租倒包模式其实并不成功,从表面上看,企业控制了农产品的生产过程,但是由于缺乏对品质型农产品生产流程和标准的研究与探索,虽然生产出了农产品,却没有生产出优质的农产品,因此在销售量激增以后,供应链直接放弃自有的生产基地,转而寻求产品质量更好的外部联盟基地。从这个意义上来说,只要拥有了科学的生产标准和技术,并用一定的生产组织形式将标准落实,生产出高品质农产品,那么这个基地或者农业企业就能够形成竞争优势。

综上,订单合同模式是产品组织的形式,仅仅能够保证企业农产品的足量供应,并不能对实际的生产过程施加影响,也不能提升农产品的内在品质,产生的价值也仅限于交换价值;返租倒包模式是生产过程中企业对生产者的管理形式,通过一组制度安排来约束生产人员的行为,企业需要先研究优质农产品的标准化生产流程才能够明确生产人员应该对操作对象农作物施加怎样的行为,然后再根据现实情况安排相应的管理制度。

从蓝城农业公司返租倒包模式到订单合同模式的转变来看,当母公司品牌强大,产品渠道开拓能力强,有稳定的潜在客户后,由于需求品类和数量的急剧增多,生产基地的管理难度加大,生产和销售难以匹配,这种情况下企业最好采取订单合同模式。在这种模式下,企业也应该设立如产品管理或品质管理的岗位,同农业科研机构联合,对大批量购入的农产品进行生产或分拣过程的品质控制。

从蓝城农业公司将近五年的发展探索历程上来看,从最开始的基地主导型,发展到之后的供应链主导型,现在又向基地回归,整体呈现一种螺旋式发展态势。纵观这样一个企业发展历程,其实核心不变的仍然是对品质的追求。品质即是价值,对于工商资本农业企业来说,农产品的品质就是企业的核心价值。工商资本进入农业生产领域,应该将发展品质型农产品作为长期的战略,利用其资源整合优势,上游联合科研院所,中游联合生产基地,下游联合销售终端,用科技引领农产品品质的提升,用合理的生产组织形式来生产优质农产品,用新颖的营销手段来主导优质优价的农产品市场。

三、多个案例的对比分析与总结

1. 市场研究方面

三家企业都有直接面向消费者的销售端,或者直接配送到个体消费者,或者在商超或卖场设置专柜。销售端每天都会直接反馈消费者对于农产品数量和品质的需求,有生产基地的企业会根据需求采摘产品并进行下一阶段生产安排,没有生产基地的企业会组织货源并调整库存。但是这些企业都没有专门的市场研究部门,没有对客户进行具体的品质需求的调研,相关人员只是对品质有大致的概念,比如外表的光滑度和成色等,大多是根据经验判断。对于工商资本农业企业来说,应该将工商业的营销理念运用到农产品方面,通过科学的市场需求调研来明确农产品的品质指标和相应的支付意愿,并将市场研究结果反馈到生产端,生产端根据需求进行相应农产品品种试验和生产流程的研发。

2. 品质型农产品生产流程研发方面

三家企业中义远有机农场在品种试验和生产流程研发方面比较成熟,技术员一共有 5 个,而且签约了农科院技术专家,专家每个月都会进行技术指导,技术员负责生产流程的研发、技术推广以及监督农户对于标准生产流程的执行。义远有机农场之所以比较重视品种试验和生产流程的研发,是因为他们的农产品种植方式为有机种植,常规农药化肥和种植方式都不能使用,因此更加依赖于品种试验和对种植流程的改进。而舒兰农业负责品种试验和生产流程研发的技术员只有 1 个,技术员平时的工作被农药残留检测和育苗所充斥,没有太多精力进行品种试验和生产流程的研发,对于农民工的监督工作由两个经验丰富的生产负责人负责,对于生产技术的指导凭借多年的经验,技术改进速度较慢。而对于蓝城农业公司来说,前期基地的生产虽然有技术员,但公司和技术员没有重视生产流程的研发,导致生产的农产品品质和普通农户的没有差别,因此前期只能将产品卖往批发市场,陷入与一般农产品的竞争中。后期供应链系统逐渐完善,设置了产品管理部和品质管理部,产品管理部负责联盟基地的考核和审核,品质管理部对到货产品进行品质检验,这种方式对农产品品质的控制仅限于流通方面,并不能生产出高品质农产品,因此会陷入与其他同类型企业的价格竞争中。

3. 不同生产组织形式对于农产品品质控制绩效方面

产业工人模式一般是生产负责人对农户每天的工作内容进行详细安排,并对农户劳动过程进行指导和监督,每个农户有擅长的生产环节,生产过程有明确的分工,比如育苗或收割,这样能够大大提高农户单一环节的劳动效率。技术员掌握品质型农产品生产技术,并通过培训和指导传授给生产负责人,生产负责人监督农户执行,有时技术员也兼任生产负责人。生产负责人监督考核农户劳动是否偷懒,并有权力降低或提升农户的劳动工资,也有权力分给农户奖金,频繁的监督和经济的激励保障了产业工人模式下品质型农产品生产技术的实施。产业工人模式对农民工的监督力度比较大,而且劳动比较辛苦,适合拥有大量外地农民工资源的企业,对于雇用当地农户的企业并不适用。

返租倒包模式下农户的收入与农产品的品质和数量挂钩,而品质的标准又是技术员制定的,农户遇到技术问题会主动寻求技术员的帮助,因此在这种模式下技术员不用时刻监督农户的生产活动,监督成本大大降低,技术员可以有充足时间进行品种试验和标准生产流程的研发。这种模式下应把握四个关键控制条件:一是土地产权归属应该是企业的,以此来保证企业对农产品具有绝对的控制权;二是企业应该制定明确的品质标准,以此来保障农户积极主动采纳企业的生产技术;三是品质应该与农户的收入挂钩,以此来保障农户生产高品质农产品的积极性,降低企业监督成本;四是种子种苗和农资都应由企业提供,以此来保障农产品的质量安全。

采用订单合同模式的企业类似大型农产品中间商,它们只能控制农产品的基地选择和最终产品分拣,而不能干预农户的具体生产过程。尽管如此,在农产品市场供应充足的情况下,这种模式能够迅速调配货源,满足消费者的各种需求。当企业拥有大量客户时,它们可以与农科院等技术研发机构联合,对相应的生产基地实施后向一体化战略,从而在一定程度上干预农产品的生产过程,通过订单生产满足其对品质型农产品的需求。

理论分析表明,订单合同模式并不适用于企业与农户的合作,但在实际案例中,这种模式更像是企业与企业间的订单合同合作。甲方企业向乙方企业或基地下派采购订单,而真正组织农户生产的是乙方企业,甲方企业无须控制农户的生产过程。因此,采用订单合同模式的工商资本企业应该寻求与正规的基地或企业进行合作,避免与众多小农户进行合作。这样,企业可以更好地控制农产品的品质,同时降低合作风险。

四、工商资本农业企业农产品生产环节品质控制建议

1. 建立市场需求导向下的农产品全面质量管理体系

农产品生产过程中品质的控制既不是单一的技术问题,也不是单一的管理问题,而系统性的问题,需要通过建立完善的体系来对农产品品质进行控制,而这个体系应该依托于工商资本农业企业实体,以市场需求为出发点,在企业内部建立以市场需求为导向的农产品全面质量管理体系,进而通过营销手段完成对消费者的教育影响,逐渐形成农产品的优质优价市场氛围。

工商资本农业企业以市场需求为导向的农产品全面质量管理体系的建立应该围绕三个方面进行:

（1）通过需求研究明确市场对于某种农产品的品质需求

农产品品质的优劣是一组能够满足市场需要的指标的高低，不应由生产人员或采购人员根据个人主观经验来判断。企业应该设立农产品市场研究部门或岗位，通过科学的市场需求调研和消费者试验，明确不同细分市场中消费者对于农产品品质的需求指标，以此来指导农产品的生产。

（2）以品质为导向进行品种试验和生产技术的研发

高品质农产品属于稀缺品，企业拥有了高品质农产品就能与其他企业形成差异化竞争，获得竞争优势，而生产高品质农产品的前提就是拥有种质资源和相应的标准化生产技术。工商资本农业企业应该利用其强大的资源整合能力，联合高校和科研院所等科研机构，以品质需求为导向进行农业科技的市场化转化，通过企业力量推动农业新品种的推广，实现农业技术科研与市场的有效对接。

（3）以品质为导向与农户建立松弛有度的合作关系

高品质农产品的生产有相应的标准化技术，技术的执行最终由农户来完成，企业如何处理与农户的关系决定了企业的生产效率。工商资本农业企业应该灵活运用返租倒包这种准一体化模式，在确保农产品的绝对控制权和质量安全的情况下，通过品质标准的制定来明确农户的生产目标，用与品质挂钩的激励手段来鼓励农户多生产品质型农产品。

2. 建立以技术人员为核心的企业技术创新推广体系

在以品质农产品生产为目标的企业中，技术的应用和持续改进能力是企业保持竞争力的关键，而技术的应用和改进的核心人员为技术员。技术员位于科研与生产的交叉点，农业科技需要通过技术员来进行推广和实施，生产中的技术问题需要由技术员来发现、总结并反馈到科研部门，技术员是我国现代农业产业体系中的"新农人"。技术员在技术研发能力和技术转化能力方面比较有优势，但如果技术员缺乏相应的生产经验，则需要另一批"老农人"来配合。这批"老农人"可以理解为技术能手或专业大户，他们既有一定的新技术接受能力又有一定的风险意识，能够对新技术进行初步的判断并结合实践经验将技术落地，因此这批"老农人"可以协助技术员共同进行技术研发和推广。在生产操作环节，基于目前我国的"三农"现状，具体的生产环节多由中老年普通农户完成，这些人一定程度上丧失了在其他行业的就业能力，只能通过农业来维持生活，因此是国家重点要求工商资本农业企业带动的人群。普通农户也有鲜明的特征:勤劳、能吃苦、利益导向、"小农"思维。企业只要明确普通农户的利益和责任,能够让利给他们,他们也会乐意按照企业的标准进行生产。对于生产环节,"技术员+技术能手+普通农户"是目前工商资本农业企业比较理想的组织管理结构,再加上市场研究和科研部门,则会形成以下理想的组织管理架构(见图5.3)。

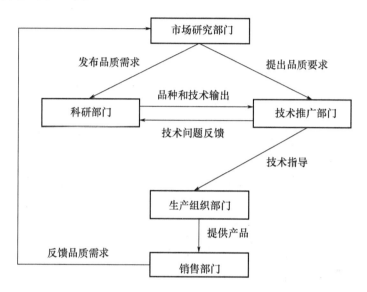

图5.3　品质农产品生产型工商资本农业企业组织管理架构

3.建立以创新经济激励方式为动力的组织管理制度

农产品品质的提升带动我国农业产业的转型升级,会产生巨大的社会价值,也能够为企业带来可观的经济回报,而这些利益能否在企业内进行合理分配决定了企业内部管理运行的稳定性。在工商资本农业企业应用产业工人模式时,应多关注农民工的福利问题,在保障品质型生产的前提下,合理安排农民工的劳动时间,降低对农民工的监督频率以减小农民工的心理压力,将其最终的劳动成果同收入挂钩,激发农民工生产高品质农产品的积极性。应用返租倒包模式时,以控制产品归属、明确品质标准和统一提供农资为基础,根据现实情况灵活运用品质和产量与农户收入挂钩的原则,探索当地农户能够欣然接受的组织管理制度,保障农户对企业技术标准的落实。应用订单合同模式时,企业应主动承担带动联盟基地农产品品质提升的责任,与农业科研院所合作,共同提升生产基地农产品的品质,合理制定高品质农产品溢价所获得的利润的分配方式,从而激励各方共同提升农产品品质。因此企业应该以品质农产品生产为战略目标,创新经济激励方式,建立相应的组织管理制度,最终形成以生产高品质农产品为目标的利益共同体关系,更好承担起工商资本农业企业在我国现代农业产业转型升级中的责任。

第二节　合作社质量安全带动模式分析

合作社具有联系农民、服务自我、实现农业技术推广的独特功能,在引导农民调整产业结构、提升农产品品质、降低生产成本、促进各类经营主体融合发展方面具有重要作用。合作社作为分散弱小的农户代表者的角色,既能够有效组织分散农户生产,又能够与企业展开有效合作,同时还能够协助政府监管,降低监管成本,从而获取消费者的信任,在促进安全农产品营销、增加农民收入以及规范农产品经营方面发挥着重要的作用(郑淑斐等,2016)。国内外实践已经充分证明,农民之间的合作是增强谈判能力、实现小农户融入大市场的最重要方式:一是有助于降低交易费用;二是有助于降低生产成本;三是有助于增加收入;四是有助于共享收益(张红宇,2018)。基于合作社的功能定位和其合作组织性质,可以认为合作社带动农户的关键在于确保产品质量安全。所以本节的分析以合作社的质量安全带动模式为重点。

一、合作社质量安全带动模式的选择机制

1. 分析框架

在《集体行动的逻辑》一书中,奥尔森(1965)提出,集体行动的充分必要条件不是共同利益。当群体中成员数目增多时,个人对于群体行为的贡献度降低,而识别个人对于群体行为的贡献度则会上升,这就形成了"搭便车"动机。同时,他也将集体行为的成败归结为三大要素:集体规模、集体结构(成员异质性)和集体管理制度(强制性和选择动机)。在此基础上,将经济学中的"经济人"作为一种基本假设,引入群体行为的研究中,多数学者从公共产品的分类、博弈模型等角度,对相关理论进行了改革。特别是促进集体行动、集体治理规则的制定上,Bates(1988)和 Ostrom(1990)认为,与集体内部公共产品的供给非常相似,规则供给同样会面临着无法自主形成的行动两难问题。Elster(1989)指出,当激励以相互监管的形式存在时,将会出现二阶"搭便车"

问题(在没有"监管"的情况下,理性人不会主动参与监管)。综上所述,我们在集体行为分析框架中加入了产品属性和集体运作时间两个变量,构建了一个扩展的集体行为分析框架,如图5.4所示。

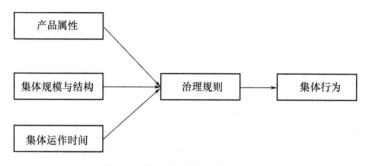

图5.4　扩展的集体行动分析框架

基于以上分析框架,本部分内容将合作社质量安全控制水平视为合作社质量安全控制集体行动的结果,分析探讨规模、结构及内部治理对合作社质量安全控制的影响。

第一,合作社规模。Olson(1965)对比了小集团与大集团在集体行动上的差别,认为小集团在集体行动方面存在优势,原因是小集团中每位成员对公共产品的相对贡献容易被识别,成员相互间便于直接监督,也便于提供选择性激励;在大集团中,强制则是更为有效的促进集体行动的手段。然而也有学者认为集体规模对集体行动的影响并非如此简单,Oliver etal(1985)指出,规模对集体行动的影响取决于提供公共产品的成本,当公共产品供给成本随集体规模改变不大时,大规模集体由于拥有更多的资源反而有助于集体产品的供给。此外,他还认为规模对于公共产品供给的积极作用会随着集体内部成员的异质性和非随机社会关系的增加而增强。

第二,合作社成员的异质性。不仅集体规模对集体行动具有直接影响,集体成员的异质性也是影响集体行动的关键因素。早期的研究,如 Olson(1965)、Hardin(1982)、Oliver etal(1989)大多认为集体成员的异质性有助于促成集体行动,但他们异质性的界定主要体现在集体内部的权利和利益分配上。Heckathorn(1993)首次将异质性拓展到集体成员对公共产品的兴趣以及成员在提供公共产品方面的差异,他发现异质性、集体行动以及管理规则之间关系十分复杂。在中国的农民专业合作社中,社员与带动农户间生产生活方式的差异导致彼此利益诉求并非完全一致,因此将社员的异质性从集体内部权利、利益分配上的异质性拓展到成员利益诉求上的异质性无疑是十分必要的。

第三,合作社运作时间。Axelrod(1984)将原理论中静态博弈修改为 S 人 D 次性模型,证实当 D 很大时,总得分最高的是一种被称为"一报还一报"的策略,只要博弈的一方有理性的学习能力,双方就能逐渐在博弈中采取合作策略。

第四,合作社内部治理与监督。合作社的内部治理与监督对于保障合作质量安全控制行动的实现至关重要。成熟且规范的内部治理规则是确保行动顺利进行的基础,其中,社员大会制度和财务信息披露制度被视为两个最为重要的基础制度。林毅夫(1990)指出,灵活的退出机制不仅是社员参与合作社治理的重要途径,更是保障合作得以执行的关键因素。除此之外,合作社还可以制定专门的农产品质量安全治理规则,明确规定社员和合作社的职责,这将有助于解决质量安全控制的难题。通过建立完善的内部治理机制,合作社能够有效地提高质量管理水平,保障消费者的利益,从而实现可持续的发展。

第五,产品属性。按照 Ostrom(1999)的划分,收费产品与公共产品的主要区别在于是否可排他。如果产品是可排他的,集体就能够降低"搭便车"的程度。合作社是否对"质量安全控制"进行排他则在很大程度上取决于控制行为的结果——安全农产品能否额外增加收益,如果合作社能够以品牌或者其他特定销售渠道来实现优质优价的话,那么就会有动力去进行排他,使"质量安全控制"成为一种收费产品,反之无法实现额外收益,也就没有动力进行排他。

2. 合作社的质量安全带动模式选择机制

(1)合作社质量安全带动模式界定

因为本节意在讨论合作社规模、结构以及内部治理对质量安全控制的影响,需要合作社治理结构方面的详细信息,因此在已有合作社样本的基础上进行了追踪调查。本次追踪调查发放问卷 200 份,但由于当前合作社治理尚不完善、股权结构不清等客观原因,回收问卷中股权结构相关问题信息缺失较多,仅获得有效问卷 76 份。

在因变量设定上,合作社质量安全控制措施的选择标准从产地环境控制、投入品管理与生产过程控制、生产档案记录、产品检测等四个方面对合作社农产品质量安全控制水平进行评价。

第一,由于售前农残自检实施已经较为普遍,这就意味着是否实施农残检测这一指标的区分度不高,但合作社年度检测次数在很大程度上又与其产品种类、规模、成员数密切相关,因此也不适合作为衡量标准。考虑到"三品一标"认证也包含了产品检测(虽然并非持续性的),且检测标准相对较高,因此选择是否取得认证来表示合作社产地环境控制与产品控制。

第二,在因变量的处理上,不同于直接加总的处理,本节尝试考虑产品控制和过程控制实现的难易程度,将未通过任何认证作为基准质量安全控制水平(质量安全控制水平1),将至少通过一种认证但未能实现投入品管理和生产过程控制归为第二层质量安全控制水平(质量安全控制水平2),在第二层的基础上进行了生产过程控制并能保证产品可追溯作为最高的质量安全控制水平(质量安全控制水平3)。

只有当所有质量安全管理措施都得到实施时,才能认为该环节的质量安全管理得到了有效执行。如果一个合作社未能执行任何一个环节的管理措施,那么它的质量安全管理模式就被认为是无效的(赋值为0)。而如果一个合作社实施了生产过程和其他任意一个环节的质量安全管理措施,那么它的质量安全管理模式就被认为是模式2(赋值为2)。这种模式代表了从无质量安全控制到产前、产中、产后全程管理的逐步转变,也意味着合作社在质量安全管理方面的整合程度越来越高。

总的来说,样本合作社的质量安全控制水平较高,这证实了合作社在控制农产品质量安全的源头方面确实发挥了重要作用。根据我们的调查数据,在76家农民专业合作社中,只有16家合作社(占21.05%)的质量安全控制水平处于最低的阶段,也就是说,他们的产品没有任何认证,也没有对社员的投入品使用进行管理,导致产品无法追溯到个人。

(2)模型设定与描述性统计分析

从样本合作社的规模来看,76家合作社平均规模约为121人,但规模最小的合作社仅有5名正式社员,规模最大的合作社有1 036名社员,规模差异非常明显。从合作社带动人数来看,76家合作社平均带动农户数为604户,最少带动农户数为10户,最多为12 635户,同样差别巨大。合作社带动农户数量与辐射总人数之比均值在60%,带动农户数量超过正式社员数量。

从合作社的治理结构来看,76家合作社中55家合作社(72.37%)第一大股东所占股份低于40%,仅有6家合作社第一大股东所占股份超过80%。从前十大股东所占股份来看,76家合作社中前十大股东所占股份均值为70%,60家合作社(78.95%)前十大股东所占比重超过60%。综合来看,可以认为样本合作社治理采取的是正式社员或合作社核心群体集体决策的方式。样本合作社虽然初步建立了内部治理与监管机制,但仍有待完善。从合作社社员大会召开次数和财务信息公开次数来看,仅有1家合作社在2013年未召开过社员大会,未公开过财务信息,80.26%的合作社社员大会召开次数在4次以下(每季度一次),75%的合作社财务信息公开次数在4次以下。在针对社员与带动农户实施质量安全控制的奖惩制度方面,样本合作社还存在很大不足。虽然合作社要求社员记录生产档案,也会不定期抽查生产档案记录情况,但没有一家合作社对不规范的生产档案记录行为进行经济惩罚,也不会对规范记录的社员进行奖励。鉴于此,在进行回归处理时,没有将合作社质量安全控制奖惩制度这一专门治理规则纳入模型中。

(3)结果分析

为了验证是否适合使用有序回归,首先进行了平行线检验,结果显示 $P=0.707(P>0.05)$,说明可以使用有序回归。模型拟合信息检验($p<0.001$)说明模型中至少有一个自变量的偏回归系数不为0,模型是有意义的(见表5.7)。

表5.7　合作社质量安全控制行为分析与检验

变量	系数	标准误	Wald 值	显著性
合作社运作时间	9 237	0.111	4.544	0.033
正式社员人数	0.009	0.004	4.009	0.027
带动农户人数与辐射总人数之比	−0.817	0.325	6.285	0.012
第一大股东持股比例	−0.295	0.335	0.771	0.380
前十大股东比例	0.356	0.259	1.889	0.169
社员大会次数	−0.058	0.068	0.710	0.399
财务信息公开次数	0.298	0.108	7.914	0.005
正式社员退出权	−0.807	0.291	7.677	0.006
是否拥有自主品牌	−2.374	0.814	8.503	0.004
模型拟合信息	−2 似然对数值	107.908		
	卡方	50.200		
	显著性	0.000		

在我国,亲缘等关系是合作社建立的基础,这些关系以及因这些关系而形成的信任是社员在质量安全控制上相互合作与监督的关键。带动农户间却可能缺乏这样稳定的关系网络,因此难以实施有效的内部监督,这就意味着合作社内部的监督要在很大程度上由社员来承担。因此,更多的正式社员能够带来更多的监管资源,有助于保障合作社质量安全,而更多地带动农户则意味着更高的监管成本,且这种成本会随着带动农户生产经营异质性的增强而不断上升,两类群体的不同影响充分印证了成员异质性对合作社质量安全控制的影响。

合作社第一大股东所占股份比例与前十大股东所占股份比例的影响并不显著,这或许与当前合作社的利益分配方式有关。第一大股东所占股份比例与前十大股东所占股份比例能够反映合作社内部权利分配的异质性,按照奥尔森的结论,这种集体成员权利的异质性应该是有助于促成集体行动的。但促成集体行动是以权利大小与获取收益多少相匹配为前提的,而样本合作社在利益分配上却较少采取按股分配的方式,而是主要采取按交易额(量)分配或者按交易额(量)和按股分配相结合的方式,这就意味着社员职责与利益分配可能并非匹配,股份较大的农户未必能够获得更多的安全农产品收益。

合作社社员大会的召开次数对合作社质量安全控制水平的影响并不显著,而财务信息公开次数却对合作社质量安全控制水平有着显著影响,这意味着通过财务信息公开对合作社质量安全控制进行监督更有意义。正式社员退出权与合作社质量安全控制水平间呈现显著负相关,意味着社员退出越自由,合作社质量安全控制水平反而越低,这与王鹏等(2015)退出自由不利于合作社成立初期发展的结论是一致的。这是因为当前多数合作社尚未针对社员质量安全控制行为建立具有针对性的奖惩制度,如记录生产档案会给予奖励、出现不合格产品会进行经济惩罚等,导致社员违规的成本低。没有针对性奖惩制度,退出越自由,"搭便车"的激励越高,合作社监管难度越大,质量安全控制水平越低。

没有自主品牌与合作社质量安全控制存在显著负向关系。在没有形成自主品牌的情况下,合作社缺乏进行排他的经济动力,因此质量安全控制更接近于公共产品而不是收费产品,质量安全控制水平难以保障。一旦合作社建立品牌,合作社为了获取品牌溢价以及长期运行,就有了加强质量安全监管的动力,而品牌溢价的实现也反过来可以补贴合作社质量安全控制的成本,使合作社质量安全控制成为一种收费产品。

受到样本量的限制,无法对规模、结构与治理规则等变量之间的关系进行更深入的分析,但将每个变量回归分析结果进行综合,还是能对当前合作社质量安全控制水平的差异做出一个初步解读。

在合作社的社员大会和财务信息披露等基础治理制度尚不完善、质量安全控制的奖惩制度尚未建立的背景下,合作社质量安全控制主要依赖于内部关键群体的推动和监督。在这一阶段,关键群体规模对合作社质量安全控制产生积极影响,因为更多正式成员能提供更多集体行动启动资源。然而,从长远来看,完善内部治理规则才是保障合作社质量安全控制的根本。如果不能逐步完善内部治理规则,随着合作社带动农户数量的增加和合作社成员关系与利益诉求的异质性增强,"人治"的成本必将迅速提升,最终变得不可持续,导致合作社质量安全控制无法得到保障。

这意味着合作社带动能力的建设并非简单地提升带动人数,而是应关注内部治理规则的完善,真正实现规范治理。同时,合作社治理规则的建立与完善是一个长期过程,需要合作社成员通过相互模仿和学习最终选择合作策略,因此保障合作社运行的稳定非常必要。在合作社成立初期,内部运营尚不规范的情况下,适当限制社员退出自由有助于保证合作社的稳定。为实现长远发展,除了要求有关部门加强合作社资质审查和加强合作社经营管理制度建设扶持外,合作社还需要走品牌建设之路。

品牌建设以品牌为契机强化质量安全控制,推动生产过程标准化,塑造产品差异以实现产品溢价,同时利用品牌收益反哺质量安全控制成本,确保合作社能够逐步发展完善。总之,合作社要想实现可持续发展,必须在内部治理规则完善、品牌建设、成员合作策略选择等方面下功夫,确保质量安全控制得到有效保障。

二、合作社质量安全管理模式优化分析

1. 分析框架

新制度经济学认为制度是人际交往的规则和社会运行的机制,制度环境能够影响人的经济行为,在经济发展中起决定性作用。合作社成员农户"惠顾者与所有者同一"的特征要求合作社基于服务性质实施组织管理,由此构建了图5.5所示的合作社组织行为逻辑,并重点探究合作社组织如何通过调整内

部管理模式来构建组织制度环境,引导农户进行安全生产以提高合作社质量安全实施绩效,从而满足市场需求并实现收益目标。

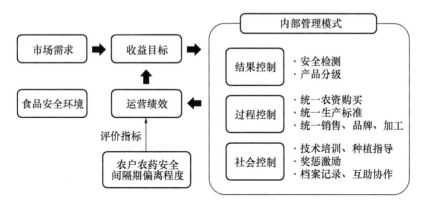

图 5.5 分析框架

Vázquez(2008)在对特许经营组织管理的研究中提出了以结果、行为和社会为基础的控制机制。在此基础上,结合果蔬合作社组织的实际运营特点和管理特征,将合作社内部管理模式分为结果控制、过程控制和社会控制。结果控制围绕初级农产品展开,包括限定产品数量和品级等;过程控制是指合作社对生产过程的严密掌控;社会控制主要是通过组织内部信息交换以及组织文化的构建来影响农户社会特征(楼栋等,2012)。

结果控制措施与农产品质量安全水平紧密相关,具体包括:①安全检测,合作社对农户收获的农产品进行统一的农药残留检测等;②产品分级,合作社对农户收获的农产品进行质量分级,实行差价收购,评判标准包括产品外观、重量、口感等。

过程控制措施则与整个产前、产中和产后的农户生产行为直接相关,具体为:①农资供应,合作社统一提供生产过程中所需的农药化肥,或要求农户购买和使用指定的农资种类和品牌;②生产标准,合作社为农户制定标准的条例,规定种植品种、农药化肥使用量与使用时间、收获时间与处理方式等;③统一加工,适用于可进行初加工的农产品,如腌菜、干果等,合作社统一对农产品进行初加工;④统一品牌,合作社要求社员使用统一的商标、产品包装等;⑤统一销售,合作社统一收购社员生产的农产品,并以合作社的名义统一销售农产品。

社会控制措施主要围绕组织内部信息交换和组织文化构建,与农户技能培养和价值观形成关系密切,具体包括:①奖惩考核,合作社对农户进行生产监督,并定期评选生产行为较好的农户进行表彰,对违反合作社相关要求的农户实施处罚;②技术培训,合作社针对种植技巧、农资使用、特殊灾害的防治等内容进行授课培训;③种植指导,合作社在关键农时点或特殊灾害期间,给予农户统一的应对指导;④档案记录,合作社对组织的整体运营情况进行档案记录;⑤互助协作,合作社将社员分为若干个生产小组,由生产小组内部进行自我管理。

综上,我们对合作社各类质量安全管理措施对农户安全生产行为的影响提出如下假设:

假设一:结果控制正向作用显著。结果控制聚焦于农产品的质量安全特征,安全检测和产品分级具体根据农药残留量、甜度、含水量等指标判断农产品质量安全水平,从而决定农户收益,因而能有效规范农户的农药使用行为。

假设二:与农户产前和产中生产行为相关的过程控制正向作用显著。农资供应限定了农药的品牌和种类,有助于控制农药质量安全;生产标准为农户提供了全面的农药使用方式,减少了使用过程中的风险。

假设三:与农户产后生产行为相关的过程控制的作用方向不确定。产后生产行为是实现产品增值的关键环节,对合作社销售绩效和收益目标产生直接影响。根据陈新建和谭砚文(2013)的研究,统一销售、品牌建设以及产品加工能够帮助合作社建立良好的市场声誉,提高收益水平,有效降低农户违约风险,并在合作社销售绩效和农户生产质量安全之间形成良性循环。然而,这种良性循环的实现需要排除农户"搭便车"行为和道德风险。如果存在这些问题,合作社可能会陷入集体行动困境。因此,产后环节控制措施的效果受到农户集体意识、风险偏好程度以及质量安全认知等因素的制约。为了确保合作社的长期稳定发展,需要引导农户树立正确的集体意识,降低风险偏好程度,提高对质量安全的认识,从而使产后环节控制措施能够更好地发挥其应有的作用。

假设四:社会控制的正向作用显著。知识技能的匮乏以及环境意识的薄弱是我国农户未能实施安全生产的重要原因。种植指导和技术培训两项措施均可通过培养农户的个人种植技能、提高安全生产意识等来达到保障食品质量安全的目的。人力资源激励理论认为组织可以通过设置合理的激励措施来调动人的积极性,对具有良好生产行为的农户进行表彰并惩罚具有违规行为的农户,能强化农户合理行为动机并削弱不合理行为动机,形成良好的组织风气。档案记录是可追溯体系中的一部分,有助于确保食品生产源头信息流的清晰透明,同时协助农户明晰生产过程并培养农户自我管理和约束的行为习惯(周洁红,2013)。谭智心(2012)认为我国合作社内部出现"搭便车"行为的原因是监督的缺乏,而提高农户互助程度能显著减少机会主义行为的发生率,因而农户结成互助小组实施互助协作有助于及时传递生产信息并培养农户集体意识和责任感。

2. 数据来源与描述性统计

果蔬类农产品是我国消费量仅次于粮食作物的第一大经济作物,主要以初级农产品和初级加工品的形式在市场上流通,与人们日常饮食习惯极为相关。我国东南沿海地区的夏季高温湿热,在此期间果蔬作物(尤其是蔬菜)的生长周期短、收获次数多,且相关病虫害发生概率较高,农户极有可能加大农药的使用频率并缩短农药安全间隔期。因此,基于浙江省、福建省农业农村厅提供的果蔬产销合作社名录随机抽取了 100 个合作社,并于 2017 年 6 月至 9 月按照 1 个合作社对应 3~4 个社员农户(包含社长)的模式进行调查,充分考虑合作社和社员的异质性,最终筛选获得 100 家果蔬合作社 312 位农户的调研数据。

(1)合作社安全管理措施

83%的样本合作社是县级及以上的合作社示范社,有 14%的合作社实施了全部 12 项管理措施,超过一半的合作社的管理措施在 9 项以上,所有管理措施的平均实施率达 70.9%,"结果控制"两项措施(A—B)的平均实施率在 70.7%,"过程控制"五项措施(C—G)的平均实施率在 69.5%,"社会控制"五项措施(H—L)的平均实施率为 72.3%,基本可以认定样本合作社在运行规范上符合基本要求,且具备一定的管理基础。整体来看,合作社的安全管理实施率和农户覆盖率十分接近,说明样本合作社和社员农户的对应比例关系保持较好,为组织内部和组织间的差异分析奠定了基础(见表 5.8)。

表 5.8　合作社管理措施的实施情况

据标	A 安全检查	B 产品分级	C 农费供应	D 生产标准
合作社数量/个	63	80	59	83

续表 5.8

据标	A 安全检查	B 产品分级	C 农费供应	D 生产标准
农户翟盖幸/%	62.2	79.2	61.2	82.4
指标	E 统一加工	F 统一品牌	G 统一销售	H 种植指导
合作社数量/个	47	83	75	100
农户置盖率/%	45.5	83,3	75	100
指标	I 奖惩考构	J 技术培训	E 档案记录	L 互助协作
合作社数量/个	60	78	42	50
农户置盖率/%	60,3	76,6	63.5	61,2

种植指导的实施率达到 100%,所有样本合作社均能在关键农时点或特殊灾害期进行生产信息的及时传递,具备保证生产完整进行的能力。除此之外,统一品牌和统一生产标准是两项实施率最高(83%)的管理措施,这与连续 11 年中央一号文件对农民专业合作社的政策扶持有关。合作社作为新型农业经营主体之一,承担着带动小农户实施标准化生产的责任。同时近年来农业生产经营主体的市场参与意识增强,愈发重视以品牌建设为核心的营销手段(娄锋,2013)。产品分级体现了农产品市场的多样化需求和市场运行效率,是农业现代化过程中的必然趋势,这一措施的实施率高达 80%,充分说明了样本合作社具备较高的市场需求意识。技术培训的实施率为 76%,这是因为地方农业部门普遍将合作社作为农业技术推广品牌,间接促进了合作社组织内部技术培训。另外,安全检测和统一农资供应要求合作社具备一定的资金储备和管理资源,因此近 40% 的合作社受限于较高的实施门槛而未采取这两类管理措施。档案记录和互助协作的实施门槛虽然较低,但仍有 40% 左右的合作社因为缺少管理经验而忽视了组织生产信息的掌控和组织文化的构建。统一加工的实施率最低,为 47%,因为多数果蔬产品不需要进行再加工销售,或合作社尚没有纵向整合供应链的能力。

(2)农药安全间隔期

如果样本合作社农户所涉作物的平均农药安全间隔期 Si,那么以此为中心值对农户 j($j=1,2,\cdots,312$) 的农药安全间隔期进行中心化处理,偏离程度为 $Gap_j=X_{ij}-S_i$。若 Gap_j 大于 0 则说明农户的农药安全间隔期在最低标准线外,农户很好地执行了农药使用标准,反之则认为农户并未实施安全生产行为。负向偏离程度越大,农户生产行为风险越大;正向偏离程度越大,农户生产行为越安全。在 312 个样本农户中,负向偏离程度最大为 23 天,正向偏离程度为 32.33 天,平均偏离程度为 1.61 天,平均偏离方差为 6.47 天,约 40% 的农户未能严格执行农药使用标准,存在农药残留问题和农产品质量安全风险(见图 5.6、图 5.7)。与合作社平均 70.9% 的管理措施实施率相比,样本农户在执行农药使用标准上的表现不尽如人意,说明合作社管理存在效率损失。

表 5.9　作物平均农药安全间隔期

作物类型	间隔期/天	作物类型	间隔期/天	作物类型	间隔期/天
叶菜	5.3			枇杷	10.67
茄果	5.8	葡萄	12.67	桥梅	9
豆科	5	密梨	12	柑橘	13
薯类	B.B	黄桃	13		

数据来源:以上数据由作者根据《农药合理使用准则(九)》《国家禁用、限用农药名录》以及由中国农业农村信息中心主办的中国农业信息网中的相关内容整理计算得出。

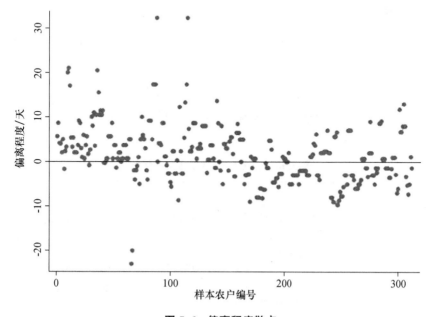

图 5.6　偏离程度散点

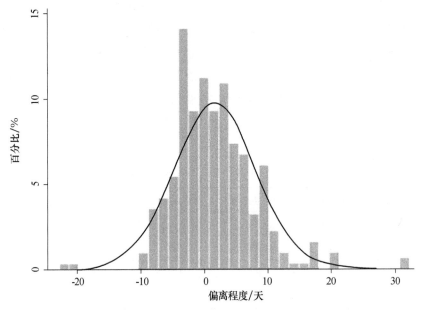

图 5.7　偏离程度

3. 用药安全导向下的合作社质量安全管理模式优化

（1）变量选择

选取的变量如表 5.10 所示,被解释变量为农户农药安全间隔期的偏离程度,用于测度农户对农药使用标准的执行水平。主要的解释变量为合作社 11 项质量安全管理措施,其中种植指导由于其在样本中不存在异质性而被剔除,农户个人、家庭及经营特征作为控制变量以提高模型的解释力度。

表 5.10　变量选择、变量含义与赋值

变量类型	变量名称		变量含义与赋值
被解释变量	农户农药安全间隔期的偏离程度		连续变量,近正态分布
解释变量:合作社质量安全管理措施	结果控制	A:安全检测	二元变量;是 = 1,否 = 0
		B:产品分级	二元变量;是 = 1,否 = 0
	过程控制	C:农资供应	二元变量;是 = 1,否 = 0
		D:生产标准	二元变量;是 = 1,否 = 0
		E:统一加工	二元变量;是 = 1,否 = 0

续表 5.10

变量类型	变量名称		变量含义与赋值
解释变量:合作社质量安全管理措施	过程控制	F:统一品牌	二元变量;是=1,否=0
		G:统一销售	二元变量;是=1,否=0
	社会控制	I:奖惩考核	二元变量;是=1,否=0
		J:技术培训	二元变量;是=1,否=0
		K,档案记录	二元变量;是=1,否=0
		L互助协作	二元变量;是=1,否=0
控制变量:农户个人、家庭及经营特征	家庭务农人数		连续整数空量;单位为人
	受访者年龄		连续变量;单位为岁
	受访者文化水平		序次变量;没有受过教育=1,小学=2,初中=3,高中/中专=4,本科/大专=5,研究生及以上=6
	家庭种糖面积		连续变量;单位为亩
	种植户类型		分类变量;水果种植户=1.蔬菜种植户=0

(2)单一质量安全管理措施对农户农药安全间隔期执行的影响

合作社单一质量安全管理措施对农户农药安全间隔期偏离程度的边际影响如表 5.11 所示,模型 1 可认定不存在严重多重共线性问题,系数是无偏的。但经怀特异方差检验发现模型 1 存在显著异方差性,因此在这里进一步估计了稳健标准差(模型 2)以改善估计系数的有效性。家庭务农人数对增加农户农药安全间隔期表现出了显著的正向作用,这是因为小规模家庭经营中的农业生产绝非个人行为,在很大程度上受整个家庭特征的影响,如家庭内的其他务农成员,成员数量越多的家庭年龄层越多样,除年长的成员外,年轻成员对农药安全间隔期的理解和掌握会更加充分,因而在质量安全标准执行效果上的表现更好。另外,家庭决策人的年龄越小、教育水平越高越有助于提高农药安全间隔期,保障农产品质量安全,这与已有文献的研究结果一致(Gong,2016)。相较于蔬菜种植户,水果种植户普遍表现出更小的农药安全间隔期偏离程度,这是因为多数水果在种植过程中存在套袋行为,套袋能直接减少果实接触农药的概率并在一定程度上降低农药残留水平,因而弱化了农户对农药安全间隔期的执行意愿。

在合作社的管理措施中,产前和部分产后环节的过程控制对农户农药安全间隔期偏离程度产生了积极且显著的影响。生产和统一品牌作为最常见的管理措施,都能够有效地提升农户农药安全间隔期偏离程度,这验证了以市场需求为导向的管理方式能够有效地唤起农户的集体行动意识,也符合分析框架中对合作社组织行为逻辑的解读。对于尚未实施任何管理措施的合作社来说,生产和品牌建设是首要考虑实施的管理措施,因为它们的实施门槛较低,但效果却十分显著。统一农资供应对农户农药安全间隔期偏离程度的边际正向影响仅次于统一生产标准,但由于流动资金和管理资源的缺乏,很多合作社还无法实施农资统一供应的措施。组织农户技术培训也能够显著提高农户农药安全间隔期偏离程度,这与 Wu 和 Hou(2012)以及 Henson、Masakure 和 Boselie(2005)的研究结论相符。然而,产后的统一加工环节却显著不利于农户提高农药安全间隔期,这可能是因为合作社为了保证供应链的连续性,出于节约时间成本的考虑会弱化对初级农产品质量的评估,反而掩盖了一些农户的安全生产行为风险。因此,在实施统一加工的同时,合作社还应该配合实施其他措施以保障初级农产品的质量安全。

表 5.11　合作社单一质量安全管理措施的边际影响

禎解释变量	农户农药安全间隔期偏离程度	
	模型 1:一般估计系数	模型 2:稳健估计系数
控制变量		
家庭务农人数	0.827 0(0.137)**	0.327(0.102)***
受访者年龄	-0.079 7(0.034 4)**	-0.079 7(0.037 8)**
受访者文化水平	0.685 40,3910*	0.685(0,384)*
家庭种植面积	-0.002 37(0.004 44)	-0.0023 7(0.004 00)
水果种植户	-2.763(0.681)**	-2.76340.6109**
解释变量		
安全检测	0.922(0.777)	0.922(0.757)
产品分级	-2.619(1.744)	-2.619(1.746)

续表 5.11

禛解释变量	农户农药安全间隔期偏离程度	
	模型 1:一般估计系数	模型 2:稳健估计系数
农资供应	2.750(0,836)***	2.750(0,905)***
生产标准	3.222(1,036)***	3.222(1,030)***
统一加工	-1.424(0.736)*	-1.42410.7173
统一品牌	2.623(1.133)**	2.623(1.292)**
统一销售	1.285(1.442)	1.285(1.076)
奖惩考核	-0.280(0.783)	-0.280(0.808)
技术培训	2.975(1.057)***	2.975(1.089)***
档案记录	-0.0277(0.778)	-0.0277(0.763)
互助协作	-0.315(0.795)	-0.315(0.824)
样本总量	312	312
Adj. R^2	0.04	0.804
F 值	9.503	27.14

注:1.括号内参数为标准差。2. * 表示 $P<0.10$,** 表示 $P<0.05$,*** 表示 $P<0.01$。

(3)质量安全管理措施组合方式及其对农户农药安全间隔期执行的影响

在假设合作社各项管理措施独立的基础上,表 5.11 中的模型 2 估计了合作社结果控制、过程控制和社会控制对农户农药安全间隔期偏离程度的边际影响,其中,结果控制中的安全检测和产品分级、过程控制中的统一销售、社会管理中的奖惩考核、档案记录和互助协作均未表现出显著作用,可能的原因是各项管理措施间并非完全独立,存在一定程度上的互补或替代关系。因此使用偏相关系数和主成分分析法对管理措施进行提炼整合,并比较不同组合方式对农户农药安全间隔期的作用效果。

表 5.12 所示的 55 组偏相关系数中,产品分级和统一销售的偏相关系数最高(0.745),其次为产品分级和统一品牌(0.458)、生产标准和技术培训(0.442)。在品牌建设过程中,合作社为提高市场议价能力一般要求社员农户统一通过合作社销售产品,同时要求对农产品进行分等分级以筛选出质量上乘且安全可信的农产品,这有助于合作社提高品牌声誉进而提高市场竞争力。实际生产管理过程中,合作社一般通过组织技术培训向农户传达生产标准和

技术要求,地方政府部门也经常以合作社为媒介向农户推广现代农业经营方法等。除此之外,安全检测和档案记录是负相关程度最高的一组措施(-0.178),可能的原因是档案记录和安全检测分别侧重于生产投入记录和产出结果检验,而根据投入可以预测产出,根据产出可以推断投入,因此合作社出于管理成本考虑可能会择其一实施,进而对管理措施变量进行 KMO 检验和 Bartlett 球形检验,认为变量适合进行主成分分析。

表 5.12　偏相关系

	A	B	C	D	E	F	G	I	J	K	L
A											
B	-0.041	C	0.155***	0.179***							
D	0.011	-0.046	0.234***								
E	0.062	-0.051	0.070	-0.009							
F	0.081	0.158***	-0.107*	0.066	0.042						
G	0.050	0.745***	0.011	-0.042	0.164***	0.107*					
I	0.288***	-0.062	0.048	0.055	0.239***	0.214***	-0.018				
J	0.078	0.169***	0.082	0.442***	0.109*	-0.007	-0.075	-0.093			
K	-0.178***	-0.002	0.299***	-0.052	-0.094	0.068	0.017	0.168***	0.038		
L	0.243***	-0.069	-0.099	-0.043	0.130**	0.004	0.024	-0.032	0.293***	0.296***	

注:1. A:安全检测;B:产品分级;C:农资供应;D:生产标准;E:统一加工;F:统一品牌;G:统一销售;I:奖惩考核;J:技术培训;K:档案记录;L:互助协作。

2. *表示 $P<0.10$,** 表示 $P<0.05$,*** 表示 $P<0.01$。

在 Greiner 和 Gregg 分析方法的基础上,对合作社管理措施进行主成分分析并保留特征值大于 1 的三项主成分,进行旋转后的因子载荷矩阵如表 5.13 所示,解释了原始数据中 60.7%的方差。主成分 1 是结合产前过程控制和社会控制的管理措施组合,具体以生产标准和技术培训为主,辅以互助协作、农资供应和档案记录。主成分 2 是结果控制和产后过程控制并重的管理措施组合,具体以产品分级和统一销售为主,辅以实施统一品牌。主成分 3 是综合结果控制、产后过程控制和社会控制的管理措施组合,具体以奖惩考核为主,辅以安全检测和统一加工。根据因子载荷矩阵计算样本农户的三项主成分得分 $pck(k=1,2,3)$,替代原有各项管理措施作为解释变量进行线性回归分析。

表 5.13 旋转后的因子载荷矩阵

原始变量	主成分 1(pe_1)	主成分 2(p_2)	主成分 3(p)
安全检测	0.088 1	−0.049 2	0.544 5
产品分级	0.017 7	0.618 0	−0.059 5
农资供应	0.359 0	0.170 5	−0.019 7
生产标准	0.539 6	−0.092 1	−0.032 6
统一加工	0.017 8	0.088 8	0.459 2
统一销售	−0.023 0	0.595 1	−0.026 9
统一品牌	−0.050 1	0.449 0	0.166 3
奖惩考核	−0.072 2	−0.024 2	0.651 4
技术培训	0.527 3	0.027 7	−0.029 6
档案记录	0.849 0	0.082 0	−0.078 7
互助协作	0.404 3	−0.071 1	0.167 0
方差解释率	0.222 1	0.222 0	0.162 9

（4）结论与建议

本节首先构建了基于结果控制、过程控制和社会控制的合作社内部管理模式，并使用农户农药安全间隔期的偏离程度来度量农户对农药使用标准的执行情况，最终利用实证调研数据探究合作社三类质量安全管理措施及其组合方式对农户安全生产行为的影响。

在合作社各项质量安全管理措施中，过程控制对规范农户农药使用行为的边际效果显著优于结果控制和社会控制，其中统一生产标准和农资供应是最直接有效的产前过程控制措施，统一品牌是最为有效的产后过程控制措施。社会控制中的技术培训有助于农户人力资本积累，能够及时传达生产标准以及相关种植技术，是提高农户质量安全认知和生产技术水平的有力途径。除此之外，以产前过程控制为主，辅以人力资本培养和组织文化构建的社会控制是最高效的管理措施组合。

在本部分内容中，统一加工被揭示为不利于农户实施安全生产的原因，主要是因为合作社农户在生产过程中存在机会主义倾向。因此，合作社需要努力提高农户的质量安全意识和生产技术。对于拥有初级农产品再加工能力的合作社，在执行统一加工之前，应关注农产品的质量安全检测，以降低农户投机行为的发生概率。在实施人力资源激励措施(如奖惩考核)和档案记录、互助协作等组织文化构建措施时,合作社应充分考虑农户的接受程度和执行能力,并确保公正透明地执行。对于尚未实施任何控制管理措施的合作社,应选择相对容易执行且单一实施效果较好的管理措施,例如组织技术培训、推广生产标准或创建合作社统一品牌,以便更好地适应市场需求,提高合作社的竞争力。在积累一定的流动资金和管理资源后,合作社可以考虑采用实施难度较大但效果显著的管理措施,如统一农资供应,以规范农户的生产投入和产出行为。同时,合作社应进一步完善产前产后过程控制的技术,通过人力资本培养措施和组织文化构建措施,培养农户的质量安全生产意识和技能。通过采用合理的激励方式引导农户进行自我管理,充分发挥过程控制和社会控制的组合效应。政府也应认识到,目前制约我国农民专业合作社管理水平提高的关键因素是流动资金匮乏、管理人员和经验缺失。因此,政府需要考虑加强合作社或小农的融资渠道建设,重视对合作社社长和管理人员的指导和培训,以帮助合作社突破当前的发展瓶颈,进一步深化农业生产标准化,以确保农产品的质量安全。

第三节　合作社亲环境技术带动模式优化

亲环境生产技术的采纳与农户安全生产行为略有不同,采用亲环境生产技术生产农产品的农户在品质上更有追求,因此相比合作社的监督机制,合作社提供服务帮助农户克服采纳亲环境生产技术时的困难会更有效果。与此同时,合作社的服务功能是克服小农户的局限性,带动其向现代农业转型的最有效方式。

一、合作社服务功能内容

合作社为农服务的功能的发挥是合作社推进小农户与现代农业有机衔接的关键,只有服务功能得到充分发挥,其带动效果才明显。果蔬种植户采纳亲环境生产技术的困境主要在于能力和动力不足。能力方面,农户面对新的农业技术时,原有的知识框架受到冲击,导致短期内无法对新的农业技术形成确切的认知和评价体系,而合作社向农户提供服务增强社员之间的生产经验交流,提供技术指导、技术培训等,能够帮助农户了解和认识新技术,掌握新技术的使用方法。动力方面,农户面临的高成本和高风险是主要问题。合作社可以通过提供统一的销售服务使农户之间形成联合,实现规模经济,并打破企业的垄断,获取更多议价权。

结合实际调查,样本合作社主要从技术指导与培训、肥药供应、介绍客户等市场信息、资金服务等方面为加入了合作社的农户提供技术方面的服务。表 5.14 汇总了合作社对样本农户提供服务的情况。其中,介绍客户等市场信息提供得最多,有 140 户,占所有加入了合作社的农户的 69.3%。其次是技术指导与培训,有 125 户农户所在合作社提供了这项服务,占 61.9%。再次为病虫害防治,有 91 户,占 45%。供应良种的和供应肥药的分别有 88 户和 76 户,占比分别为 43.6%和 37.6%;提供耕整地服务的有 42 户,占 20.8%;提供资金服务的有 35 户,占 17.3%;在上市前提供产品检测服务的有 30 户,占 14.9%;提供育苗服务的仅有 28 户,占 13.9%。各类服务中被提供的农户数量不足 10 户的包括收获、运输和农膜回收服务。

表 5.14 合作社提供的服务

服务种类	数量/户	占比/%	眼外种类	数量/户	占比/%
介绍客户等市场信息	140	69.3	病虫害防治	91	45
供应良种	88	43.6	收获	7	3.5
供应肥药	76	37.6	运输	7	3.5
技术指导与培训	125	61.9	统一销售	25	12.4
资金服务	35	17.3	产地环境检测	11	5.4
育苗	28	13.9	售前产品检测	30	14.9
耕整地	42	20.8	保存生产记录	10	5
绿肥	15	7.4	农膜回收	3	1.5

数据来源:根据调研资料整理所得。

选取其中提供数量最多的几种服务对浙江省和河南省进行对比,如表5.15 所示。河南省农户接受介绍客户等市场信息、技术指导与培训以及病虫害防治服务的比例均远高于浙江省。

表 5.15　浙江省与河南省合作社提供服务占比

服务种类	浙江省		河南省	
	数量/户	占比(%)	数量/户	占比(%)
客户等市场信息	56	51.38	84	90.32
技术指导与培训	87	33.94	88	94.62
病虫害防治	37	33.94	54	58.06
供应良种	71	65.14	17	18.28
供应肥药	8	35.78	37	39.78

数据来源:根据调研资料整理所得。

二、农户亲环境技术采纳目标下的合作社服务内容优化

1. 模型设定

本部分内容使用合作社的亲环境生产技术采纳行为综合值来表征加入了合作社的农户亲环境生产技术采纳水平。亲环境生产技术采纳行为值是一个连续变量,取值范围为 0~0.67,因此,采用 OLS 的方法来说明合作社服务功能对农户亲环境生产技术采纳行为的影响。

农户亲环境生产技术采纳行为用 Y 表示,合作社的介绍客户等市场信息、技术指导与培训、病虫害防治、供应良种和供应肥药服务分别用 A、B、C、D、E 表示,则合作社服务功能对农户亲环境生产技术采纳行为影响的 OLS 模型表示为:

$$Y = b_0 + \beta_1 A + \beta_2 B + \beta_3 C + \beta_4 D + \beta_5 E + \beta_j control + e_i$$

式中,Y 表示农户亲环境生产技术采纳值,农户亲环境生产技术采纳值越高,亲环境生产技术采纳水平越高;β 为不同变量的回归系数;A、B、C、D、E 分别为主要解释变量;control 代表可能影响农户亲环境生产技术采纳行为的特征控制变量,包括户主性别、年龄等;j 为控制变量的个数,e_i 为随机扰动项。

根据理论分析,该计量模型主要包括以下方面:

因变量:本模型依然采用亲环境生产技术采纳值指标来测度合作社服务功能对农户亲环境生产技术采纳行为的影响效果。

核心变量:介绍客户等市场信息服务功能(简称介绍客户)指合作社为农户提供可能的销售渠道信息以及农产品市场价格、波动情况等。技术指导与培训服务功能(简称指导培训)是指合作社或以合作社名义组织、安排的关于

果蔬种植过程中各项具体生产行为的交流、主题培训、参观学习、田间指导等多种形式的服务内容。病虫害防治服务功能(简称病虫害防治)是指合作社为农户提供相关设备进行病虫害的防治,或帮助农户寻找渠道购买其他服务机构病虫害防治的服务行为。供应良种服务功能(简称供应良种)指合作社为农户提供农作物改良品种的服务行为。供应肥药服务功能(简称供应肥药)指合作社为农户提供具有化肥和农药同等效用的农资产品的服务,合作社所提供的产品可能为某种化肥或农药,也可能为化肥农药的绿色替代品。为说明合作社服务功能的影响,以上服务功能以合作社提供为基准。

其他控制变量:户主个人特征、农户家庭特征、种植特征和区域变量。

2. 描述性分析

下面对合作社服务功能的分布进行分析。由表 5.16 可知,未被提供介绍客户和指导培训的农户亲环境生产技术采纳水平均值为 0.12,未被供应良种和肥药的农户亲环境生产技术采纳水平均值为 0.13,均与被提供了相关服务的农户的亲环境生产技术采纳水平在 1% 的显著性水平下存在差异。而未被提供病虫害防治服务的农户亲环境生产技术采纳水平均值为 0.14,与被提供了病虫害防治服务的农户的亲环境生产技术采纳水平并不存在显著差别。

表 5.16　不同服务类型亲环境生产技术采纳水平 t 检验

服务类型	是否提供	采纳水平均值	标准差	P 值
介绍客户	无	0.12	0.10	0.00
	有	0.18	0.18	
技术指导	无	0.12	0.00	0.00
	有	0.18	0.13	
病虫害防治	无	0.14	0.11	0.15
	有	0.16	0.12	
供应良种	无	0.13	0.10	0.00
	有	0.19	0.14	
供应肥药	无	0.13	0.10	0.00
	有	0.20	0.13	

数据来源:根据调研资料整理所得。

3. 实证结果

合作社服务功能的影响分析见表 5.16,为使用 OLS 一般估计和稳健估计所得的合作社各类服务功能对农户亲环境生产技术采纳水平的边际作用。从 OLS 反馈结果来看,合作社的各类服务功能中,部分产前和产中的服务对于农户亲环境生产技术采纳水平的作用效果积极且显著。指导培训、供应肥药和供应良种均在 5% 的显著性水平下正向影响农户亲环境生产技术采纳水平,而病虫害防治则在 5% 的显著性水平下负向影响农户亲环境生产技术采纳水平。从农户的其他特征来看,年龄和果蔬种植劳动力数量分别在 1% 和 10% 的显著性水平下负向影响农民亲环境生产技术采纳水平,即年龄越大、果蔬种植劳动力数量越多,亲环境生产技术采纳水平越低;受教育程度和是否从事过农产品或农资贩销均在 5% 的显著性水平下正向影响农户的亲环境生产技术采纳水平。

(1)介绍客户未能显著影响农户亲环境生产技术采纳水平

合作社为农户介绍客户虽然能够有效增加农户所获取的市场信息,但是单个农户的生产规模十分有限,难以满足客户大规模的需求。而相对容易满足的客户对农产品的品质要求较低,农户会缺乏采纳亲环境生产技术的市场激励。

(2)指导培训显著正向影响农户亲环境生产技术采纳水平

在众多服务中,指导培训的提供率排名第二,其对农户采用环保生产技术的效果非常显著,充分展示了合作社在技术服务方面的提升对农户认知和应用新型技术的影响。对于那些尚未提供任何服务的合作社来说,指导培训是一个值得优先考虑的服务内容,因为它不仅门槛较低,而且效果显著。通过提供指导培训,合作社可以帮助农户更好地理解和应用新型生产技术,进一步提升农户的生产效率和环保意识。

(3)供应肥药和良种显著正向影响农户亲环境生产技术采纳水平

在影响农户采用环保生产技术的各种因素中,供应肥药的效果仅次于指导培训,而供应良种的影响位居第三。如果合作社不提供这些产品,农户就需要自己寻找品质优良的肥药和良种,由于单个农户在谈判中处于明显劣势,这可能会导致生产成本较高。然而,如果合作社能够统一采购,就能有效地降低成本。然而,由于流动资金和管理资源的缺乏,许多合作社目前还无法提供肥药和良种。

（4）病虫害防治显著负向影响农户亲环境生产技术采纳水平

合作社统一提供病虫害防治明显不利于农户亲环境生产技术采纳水平的提升，可能是因为合作社进行统一的病虫害防治没有从根本上提升农户的亲环境生产意识，因而农户可能不关心也不了解相关的亲环境生产技术，进而对自身的亲环境生产技术采纳水平产生了负向影响。对于尚未提供任何服务的合作社，优先选择那些难度较低、单独实施就能取得明显效果，并对生产过程产生直接影响的服务，以促进农户自身能力的提升。例如，提供技术指导与培训等服务。当合作社在流动资金和管理资源的掌控上达到一定水平后，可以考虑提供一些虽然难度较大，但一旦实施就能立即见效的服务，如统一为农户供应农资等。在进一步完善服务内容的过程中，合作社应重视人力资本的培育，通过培养农户的环保生产意识，提升他们的环保生产技能。同时，通过采取合理的激励措施，引导农户主动采用环保生产技术，以提高生产效率和环保意识。

综上，合作社对加入了合作社的农户提供的服务比例最高的 5 种分别是介绍客户等市场信息、技术指导与培训、病虫害防治、供应肥药和供应良种，占比分别达 69.3%、61.9%、45%、37.6% 和 43.6%。对比浙江省与河南省合作社提供服务的比例则发现，浙江省合作社提供比例最高的服务为供应良种服务，占比达 65.14%，河南省合作社提供比例最高的服务为技术指导与培训，占比达 94.62%。

第六章　农村社会管理

第一节　农村社会组织

一、农村社会组织的含义

农村社会组织是相对静态的组织实体和动态的组织活动过程的统一。农村社会组织是农村中为完成一定的目标、执行特定的职能，根据我国宪法法律和一定的规章、程序进行活动的人群所采取的某种社会活动方式。从组织社会学的研究来划分，可以说农村社会组织是农村社会中从事经济、政治、文化和其他类型的社会活动的人依据一定的社会目标，按一定程序和结构建构而成的农村社会系统。

农村社会组织是农村次级社会组织，与农村家庭、家族、村社等农村初级社会组织相比较，具有鲜明特点：①组织成员较多，组织规模较大；②成员互动面窄，成员间的信息往往由中介人传递，有时还要受到某种限制；③成员间的关系由规章制度加以规定，是一种依附于职位的、先于互动的正式角色关系；④成员在组织中有相对固定的位置并从事某项具体工作；⑤组织间有明确界限，组织领导者根据管理的需要实行权力划分，进行民主管理以调动部属的积极性。与城市比较而言，由于农村生产社会化程度不高，工业文明还不发达，农村社会组织呈现出发育程度低的特点。例如，血缘、地缘关系成为农村社会组织的基本纽带；非正式的、传统的社会组织发挥重要作用；生产组织主要以家庭为基础等。随着市场经济体制的建立，知识经济时代的到来，这些特点必将发生巨大的变化。

二、农村社会组织的构成

农村社会组织功能的正常发挥取决于它的构成要素的内在特质和科学搭配。任何一个农村社会组织一般都必须具备固定的成员、组织章程、组织机构、物质设备四个基本要素。

1. 固定的成员

农村社会组织是由相互依赖的组成部分构成的具有特定功能的整体,其基础在于拥有稳定的成员。因此,任何农村社会组织首先应有相对固定的成员,并确保成员的数量和质量。组织成员可以是个人或团队。在成员质量方面:一是要求每个成员具备较高的综合素质,包括思想、文化、心理、身体素质以及专业素质;二是要求每个成员具有较强的业务能力,如创新能力、沟通协调能力、信息获取能力等。在成员数量方面,一是要确保每个组织有适量的成员,既不能过多导致效率低下,也不能过少使得工作无法正常进行;二是要确保每个成员都处于良好的组织结构中,即在适当的位置上发挥其作用,避免成员力量之间的摩擦、牵制、抵触,确保工作的正常顺利进行。

2. 组织章程

组织章程是组织的规范性因素,包括组织的性质、纲领、目标、任务、组织机构与组织原则以及组织成员的地位与角色、权利与义务等内容。组织章程是确保组织正常活动的基本条件和手段,是组织活动和成员活动的依据。组织章程中的组织性质、纲领、目标、任务规定了组织活动的性质、运行方向和范围;组织章程对成员地位与角色、权利与义务的规定把成员的活动限制在章程许可的范围之内。制定一个好的组织章程必须注意以下几点:①简明扼要、通俗易懂,便于成员掌握,烦琐的章程往往会限制组织成员的主动精神。②具有严肃性、权威性和相对稳定性,才能使成员认真对待。③根据时代的变化应及时修改过时的内容和条目,以防止其成为组织活动和成员主动精神的障碍。

3. 组织机构

组织机构是社会组织的调节系统。任何农村社会组织都要有一个权威性的组织机构。组织机构功能的大小与其他机构的优良变化成正比。组织机构分为正式和非正式两种:正式组织机构是有意设立的,经过正式批准的常设的机构;非正式组织机构是未经正式规划的发生于组织成员间的一种临时性的机构。组织机构在组织中起着十分重要的作用:①提高办事效率。正常合理的组织机构能有效地运用人力、物力、财力以最小的输入求得最大的产出,充分发挥组织机构的作用。②沟通关系。组织机构能起到上传下达的作用、疏通上下级关系、互通信息的作用。③稳定情绪。组织机构通过确定成员的任务、权利以及地位和归属关系,使每个成员安心本职工作,完成各项任务。④统一行动。任何组织都是通过合理分工,发挥每个成员的智慧和能力去实现统一目标,完成共同的任务。

4. 物质设备

物质设备既是组织活动的物质基础,又是组织结构的物质外壳。农村社会组织都有自己的物质设备,如行政组织有办公室、办公用具、通信工具,学校有教室、试验器具等。随着农村社会和经济的全面发展,组织对物质设备的要求更高。先进的物质设备是提高组织办事效率的必备条件,组织设备的现代化会加快组织的现代化。

三、农村社会组织的设置

1. 需要原则

农村社会组织必须适应农村社会的需要。要根据农村社会的需要设置和经济发展变革或调整相应社会组织及其机构;根据农村社会变化设立相应的组织机构;根据农村社会变化改变原有组织的规章和体系等。

2. 精简原则

农村社会组织必须精简。根据宪法和法律规定以及农村事业的发展,设置管理体制要综合考虑,避免设立不必要的组织或因人设置。分工合理,宜简不宜繁,一个组织可办的事情就不设过多组织。同一类事务当由一个组织管理。对于交叉的工作,采取协调措施,加强综合性组织的协调职能或者建立必要的协调性机构。处理好组织内部层次与管理幅度的关系,应尽量减少管理层次。从一般角度来说,在组织管理任务不变时,组织管理层次与管理幅度的关系是反比关系,即管理幅度越小,管理层次就越多;管理层次越少,管理幅度就越大。因此在设置农村社会组织时要处理好组织管理层次与管理幅度的关系。

3. 法制原则

任何一个农村社会组织必须依法设置,这是组织得到社会承认的条件。国家宪法,国家颁布的各种组织法,各种编制办法以及中央有关指示规定都是农村社会组织设立的法律依据。农村社会应根据各种法律法规对组织的地位、任务、职权、人员编制等有关规定来设置组织机构,并据此来说明组织与外界的关系,确定各种管理对象以及组织的隶属系统和职权范围。

第二节　农村社会管理的内容

加强农村社会管理要充分发挥各级政府社会管理的职能,明确农村党支部、村委会的社会管理职责,并大力发展农村群众组织,加强农民自我管理,使农村社会组织和农民形成合力,共同做好农村社会管理工作。

一、发展农村教育

教育的发展程度是一个社会文明进步的体现。农村教育不仅是新农村建设的手段,而且是新农村建设的重要目标。农村教育是指在农村地区对各个年龄段农民及其子女实施的各级各类教育与各种形式教育的总称。当前发展我国农村教育的内容主要包括:

(一)普及和巩固农村九年制义务教育

各级政府要依法落实各项政策,继续加大农村义务教育投入。加大农村义务教育投入是改善农村办学条件,促进城乡义务教育均衡发展的前提。农村义务教育是否优先得到发展,"普九"重中之重的地位是否真正落实,关键在于是否能保证必要的经费投入,"两免一补"等政策是否能够真正贯彻执行。

针对农村,特别是山区农村基础教育相对薄弱的现状,应在学校硬件建设和师资队伍建设两个方面多下功夫,要落实以县为主的义务教育管理体制,不能让没有读完义务教育的孩子失学,流向社会,增加新的文盲、半文盲。

面对农村"留守儿童"不断增加的现实,由于村委会能够掌握"留守儿童"实际生活情况,因此由村委会牵头,推动依托学校来构建对"留守儿童"有效监管机制,并可以利用村民图书室等农村文化场所建立村级中小学生学习中心,帮助"留守儿童"顺利完成义务教育。

(二)加强农村职业教育和成人教育

农村职业教育是农村教育中为农村经济建设服务最直接的部分,应以县职业学校为主阵地,加大职业教育和实用技术培训力度;在加快职业教育发展步伐过程中,要办好镇(乡)、村两级成人文化技术学校,加强农业实用技术培训。

二、搞好农村基础设施建设

农村基础设施是提升农村生产力、发展现代农业、增加农民收入、全面改善农村面貌、建设社会主义新农村的重要物质基础。当前我国农村基础设施建设严重滞后,已经成为新农村建设最为突出的制约因素。

加强农村基础设施建设,一是加大以小型水利设施为重点的农田基本建设力度,实施新一轮沃土工程,改善耕地质量,全面提升地力;二是加大农村公路建设力度;三是加大农村饮水安全工程建设力度,优先解决高氟、高砷、苦咸、污染水及血吸虫病区的饮水安全问题;四是加大农村能源建设力度,积极推广沼气、秸秆气化等清洁能源;五是加大农村电网建设力度;六是加大农村信息化建设力度;七是加大农村人居环境建设力度,重点解决村内道路、给排水、垃圾处理、人畜混居等突出问题;八是加大农村教育文化卫生基础设施建设力度。针对农村基础设施建设的实际情况,首先要制定农村基础设施建设规划,根据农村需要和农民意愿,确定建设标准和轻重缓急顺序,其次,要确定责任主体,属于农民家庭建设的,由农民来搞,政府应给予一定补助;属于公共建设的由政府承担主要投资责任,有条件的农村集体也可以承担一部分投资,农民以出工为主;属于准公共基础设施建设的,可以发挥市场机制的作用,鼓励社会资本投资,但政府必须出台减免税、贴息、补助等优惠政策,同时,要尽快立法,把农村公共产品尽快纳入公共财政的范畴。

三、促进农村经济正常有序发展

(一)加强对农村经济发展和市场秩序的监督管理

对欺行霸市、坑蒙拐骗、非法经营等行为要加大打击力度,控制和杜绝非法收入,鼓励农民通过合法经营实现增收,要维护农村市场秩序和农民利益,促进农村经济发展,做到"合同帮农,经济活农,政策爱农,红盾护农,商标护农,市场助农",一是继续深入开展"红盾护农"行动,进一步强化对农资市场的监管,"红盾护农"是国家市场监管部门实施农资市场监管,护航"三农"发展的一项重要工作,进一步建立健全和落实"两账两票"、"一卡一书"、农资经营企业信用分类监管等制度,开展农资经营"一书一承诺"活动,同时强化对农资市场的日常监管,加强对农资市场的日常巡查,严厉打击制售假冒伪劣农资等坑农害农的违法行为;二是认真开展地理标志和农产品商标引导注册工作,鼓励帮助农产品生产加工企业进行商标申请注册;三是发展订单农业,大力支持、指导和促进订单农业,引导企业与农户建立利益联结机制,促进"公司+农户"经营模式,搞活农产品流通,维护农村市场产品交易安全,规范订单农业合同的签订和履行,增强合同的法律效力;四是积极培育发展农村经纪人;五是鼓励支持从事农、林、牧、渔业的农民申办执照,发展"执照农民"闯市场,提高农民市场主体意识和农村市场化程度,使农民真正成为农村的市场主体。

(二)加强农村税收征管工作

要加大对个体户、私营企业主等高收入者个人所得税的征收力度,农村税收征管工作要做好源头管控。一是税务人员要在年初深入乡村全面开展税源调查,建立和完善征管台账,对上年新增个体户和私营企业按税法规定给予补税,并要求他们补办税务登记证,而后纳入正常税收管理。二是做好发票管理工作,首先应注重建筑业、运输业、服务业等发票管理,对农村基建队和大型工程进行跟踪管理;其次要加大发票检查力度,对未按规定用正规发票做账的单位一经查出严格按照《发票管理办法》处理,同时广泛进行宣传,使人们对各类发票使用合理并能索取合法发票,起到护税协税作用。

四、加大农村社会治安工作力度

随着改革的深化和社会转型的加速,不安定因素也在增多,特别是一些地方的寻衅滋扰、打架斗殴、盗窃、抢劫等案件与此有关,而且团伙犯罪所占比例较大,社会危害十分严重;同时邪教组织、黑恶势力、黄赌毒等"六害"活动屡禁不绝以及重大刑事案件时有发生,这些都严重影响社会治安秩序,必须加大社会治安工作力度,做好维稳工作。

第一,为了构建和谐稳定的农村社会环境,我国需要对现有的县、乡、村三级社会治安管理体系进行完善和优化。首先,我们要建立一个反应灵敏、行动高效的工作机制,确保能够及时发现和处理社会矛盾和问题,防止其扩大和激化。其次,我们要推动农村社会治安管理模式由静态向动态转变,提高管理的针对性和实效性。在宣传教育方面需要建立一个长效机制,持续对农民进行法制和精神文明教育,以提高他们的法律意识和文明素质,培育积极向上的农村社会风气。同时,我们也要严厉打击农村的各种违法犯罪活动,包括偷盗、抢劫、打架斗殴、赌博以及封建迷信活动等,维护农村的治安秩序,保障农民的生活安宁。

第二,要充分发挥各种社会性群众组织的作用,如红白事理事会、群众治安委员会、民事调解委员会等群众组织,要发挥其在化解农村社会矛盾的作用。

第三,要进一步加强农村警务工作。对派出所及责任区工作要实行目标责任制管理,使每一个责任区民警懂得扎实做好责任区工作的重要性;不断提高责任区民警的业务素质、执法水平和管理服务能力,加强对责任区民警的教育和培训;使责任区民警掌握党和政府关于农村工作的方针、路线、政策,学会从农民的利益出发考虑问题,掌握农村公安工作的本领,以适应新形势下农村公安工作的要求。

五、做好农村思想道德建设工作

近年来,农村思想道德建设出现了一些新情况、新问题,如农民素质与新农村建设要求不相适应;精神文化生活与群众愿望需求不相适应;社会风气与文明风尚不相适应,因此,我们必须以创新的精神推进农村思想道德建设。

(一)加强农民道德教育

要深入开展爱国主义、集体主义和社会主义的教育,教育农民认清社会主义制度的优越性,引导他们树立起正确的世界观、人生观、价值观和道德观,教育农民讲文明、讲礼貌、讲信誉,助人为乐,见义勇为,逐步形成和谐的人际关系、良好的社会秩序、健康的社会风气。加强农民道德建设,提高农民思想道德素质,光靠教育是不能完全解决问题的,还需要辅之以法制,只有把自律和他律、提倡和禁止、软性约束和硬性规定结合起来,才有助于农民养成良好的道德习惯,形成扶正祛邪、惩恶扬善的社会风气。

(二)要建立农村思想道德评议机制和文明户创建活动

通过群众推荐,从老党员、老干部、人大代表、政协委员中选举产生农民思想道德评议委员会,制定道德评议标准,明确道德评议内容,定期进行评议,公布评议结果和督导整改情况,达到突出问题集中解决的效果。"十星级文明户"创建活动是建设农村社会主义核心价值体系的重要抓手,它从形式到内容都更加符合农村的实际,更加贴近农民的心理状况和接受能力,它把核心价值体系的基本内容和目标任务,分解成一个个看得见、摸得着、经过努力可以实现的、鲜活的内容和具体项目,贯穿到十星级文明户的创建活动中,在求星、争星、创星活动中,使核心价值体系的要求春风化雨,进村入户到人。

六、加强农村文化建设

农村文化建设事关农村全面建成小康社会目标的实现,事关农民综合素质的提高,是建设社会主义和谐新农村必不可少的内容。

(一)加强农村公共文化建设

针对农村文化基础设施落后,文化产品、文化服务供给不足,农民群众看书难、看戏难、看电影难、收听收看广播电视难等问题突出的现状,应加大对农村文化建设的投入力度,积极推进广播电视进村入户,确保“村村通”广播电视工程长期有效运行,扶持发展农村电影放映,开展农村数字化文化信息服务,坚持以政府为主导,以乡镇为依托,以村为重点,以农户为对象,发展县、乡镇、村文化设施和文化活动场所,构建农村公共文化服务网络。县委县政府按照分地区、分档、分类扶持的原则,对困难地区的农村文化建设在政策上、资金投入上给予一定的倾斜,扶持贫困的农村乡镇文化中心建设,争取每个乡镇文化站都能有站舍、有图书室、有活动场所,满足文化工作、活动开展的基本需要。

(二)改善农村文化生活

新农村建设的本质就是要改善农民的生存状态,提高农民的生活质量,只有通过文化建设,丰富农村精神生活,才能塑造文明健康向上的人文精神环境,让农村生活成为一种富有意义的生活方式。

当前农民物质生活水平有了显著提高,必然增加对文化消费的需求,渴望提高精神生活质量,但农村的文化生活的供给并没有与文化需求的增加相匹配,在新农村建设中,势必要求在追求经济发展的同时注重乡村文化建设,改善农民文化生活。

1. 强化新农村文化队伍的建设

应尽快配齐乡镇文化站专业人员,理顺体制,落实编制,妥善解决其归属、工资待遇等问题,以充分调动他们服务新农村文化建设的积极性、主观能动性和创造性,鼓励和引导高校毕业生和志愿者到农村从事文化工作。县文化、广播电视、体育等部门要面向农村,面向农民开展好服务工作,加强对基层文化管理干部培训,进行必要的业务辅导。各级文化部门要每年开展培训活动,积极培养农民业余文化骨干,充分发挥民间艺人、文化能人在活跃农村文化生活、传承发展民间文化方面的作用,鼓励支持农村文化户发展,不断壮大农村文化队伍。

2. 尊重农民文化生活的自身需求

要开展农民看得懂、用得上、有得乐的文化活动,坚持以人为本,从农民最关心的问题入手,以农民最喜欢的形式把文化建设植根于农民的生产生活之中,努力达到为民、便民、惠民的目的,提高农民的参与程度。各地农村自然条件、文化习俗、经济基础千差万别,文化建设面临的任务和困难也不尽相同,在选择文化发展的路子时,要务实求实,因地制宜,因时制宜,因需制宜,防止照抄照搬一刀切,努力找准地方特色明显、最为适宜的发展方向、发展模式,应鼓励农村文艺骨干组织村级业余文体队伍,带动当地农民开展文化活动。

3. 发掘农村特色文化

重视地方文化的传承,加强对农村优秀民族民间文化资源的系统发掘、整理和保护,把民族民间文化保护工作推向深入。要把农村文化建设与边境游、乡村游、生态游、农业观光游、民俗游、农家乐等有机结合起来,使文化、旅游以及其他产业协调配合,共同促进农村经济社会发展。

(三)规范农村文化市场管理

坚持一手抓繁荣、一手抓管理的方针,大力加强农村文化市场管理,营造扶持健康文化、抵制腐朽文化的良好社会环境。加强和充实县级文化市场行政执法队伍,充分发挥乡镇综合文化站监管作用,健全农村文化市场管理体系。按有关规定,落实管理执法经费,加强执法力量,加大监管力度,提高执法水平,整顿和规范市场秩序,严厉打击违法违规活动,取缔无证经营,重点加强对演出娱乐、电影放映、出版物印刷和销售、网吧等方面的管理,坚决打击传播色情、封建迷信等违法活动,确保农村文化市场健康有序发展。

(四)积极引导宗教活动

我国公民有宗教信仰的自由。江苏省社科院课题组的研究表明,信教群众文盲多、老人多、妇女多、病人多的"四多"现象突出,农民信仰宗教的原因主要有:一是寻找精神寄托;二是为了丰富文化生活;三是为了治病强身、得到教会救济帮助或生产生活互助,宗教和睦与否对社会和谐有着重大的影响,因此应积极引导宗教活动使之与和谐社会相适应。

1. 依法加强对宗教事务的管理

依法对宗教事务进行管理,旨在确保宗教活动得以正常、有序的进行。为此,应建立一个由乡镇党委一把手负总责,分管领导具体抓,村党支部书记为村第一责任人的宗教工作责任制。同时,成立乡镇宗教工作领导小组,其成员包括宣传、统战、派出所、司法、综治、文化、土地、城建等部门的负责人,各村也应设有宗教工作联络员,形成县、乡镇、村、组四级宗教工作领导网络。在此网络中,各级领导都要明确自己的工作责任,并科学制定管理目标。对于宗教事务的管理,应严格进行检查考核,确保加强宗教工作的要求能够真正落实到基层。我们还要坚持不懈地对信教群众进行爱国爱教以及宗教政策、国家法规的宣传教育,使他们能够在法规、政策允许的范围内开展宗教活动,自觉执行国家的宗教政策,爱国爱教,懂法守法。这样,我们才能及时发现问题,及时解决问题,掌握工作的主动权。

2. 充分发挥宗教的积极作用

(1)积极引导宗教在调节群众心理及社会主义伦理道德建设、生态保护等方面发挥作用。

(2)引导和支持宗教界广泛参与和兴办社会公益事业。吸引宗教界人士和信教群众广泛参与和兴办社会公益慈善事业,在扶贫、济困、救灾、助残、支教等方面发挥有益作用,是宗教界人士与信教群众在促进社会和谐发展中发挥作用的一个重要、有效和现实的途径。

(3)积极引导宗教界人士积极参与地方经济建设。开发具有宗教文化特色的手工艺品和食品等宗教产品,通过对宗教文化资源的搜集、挖掘和开发,整合宗教文化资源,使其造福于社会,把宗教文化与旅游产业、民族文化、生态建设和社会主义新农村建设结合起来,促进其他相关产业的发展。

3. 对各类非法宗教活动进行全面清理、整顿、取缔

各级党委、政府要坚持"保护合法,制止非法,抵御渗透,打击犯罪"的原则,把打击非法宗教作为巩固党的领导、净化社会环境的一件大事来抓;各级宗教管理部门和工作人员共同努力,逐渐形成合力,排查容易引起不稳定事件的隐患,对那些打着传教、信神、信主能拯救世界的幌子,散布反动言论,欺骗群众,聚敛钱财,带有浓厚封建迷信色彩的非法宗教活动必须严加防范,露头就打,坚决取缔。

第三节　农村社会管理方法

改革开放以来,我国农村开展了以村民自治为主要内容的社会管理模式的探索。随着经济迅速发展,我国农村的经济成分、组织形式、就业方式、利益关系、生产方式方法等都发生重大变化,调整农村利益关系,有效化解农村社会矛盾,促进社会的健康发展,让农民充分享受社会发展成果,实现公平正义,是改革和创新农村社管理体制的根本目的。

一、村民自治的概述

(一)村民自治的含义

村民自治就是农村居民按照自己的意愿,直接行使民主权利,依法办理自己的事情,实行自我管理、自我教育和自我服务。村民自治是农村居民依法自主管理本村事务的基层民主制度,也是在新的历史条件下农村治理的一种重要方式,村民自治的内涵主要包括以下几个方面:

(1)自治的主体是农村居民;

(2)自治的地域范畴是与农村居民生活十分紧密的社区;

(3)自治的内容为本村的公共事务和公益事务;

(4)自治的目的是使广大农村居民在本村范围内实现自我管理、自我教育和自我服务,有效地处理与村民利益密切相关的本村公共事务,将社会主义民主落实到最基层,保证国家对农村基层社会的有效治理。

(二)村民自治的内容

村民自治的核心内容是"四个民主",即民主选举、民主决策、民主管理、民主监督,因此,全面推进村民自治,也就是全面推进村级民主选举、村级民主决策、村级民主管理和村级民主监督。

1. 全面推进村级民主选举

民主选举,就是按照《中华人民共和国宪法》《村民委员会组织法》和各地的《村民委员会组织法实施办法》《村民委员会选举办法》等法律法规,由村民直接选举或罢免村委会干部。民主选举要选出一个群众拥护的村委会领导班子,它是民主决策、民主管理、民主监督的前提和基础,也是村民自治活动最重要的环节。民主选举要坚持公平、公正、公开的原则。

民主选举要有一个标准,用以衡量村委会成员是否合格,这个标准就是"思想好、作风正、有文化、有本领、真心实意为群众办事",一句话,就是群众信赖、能够带领群众致富奔小康。按照上述法律法规、原则和标准,广大农民通过选举工作实践,逐渐形成一系列好的做法,积累了一些经验。

(1)提名初步候选人。为了保证选民真正掌握初步候选人的提名权,形成以村民提名为主的候选人提名方式。

(2)确定正式候选人的工作往往由相关方面内部进行研究并决定。然而,由于这个过程的透明度不高,群众对此产生了不满。为了解决这个问题,近几年的选举中,许多地方采取了全体选民或村民代表参加预选的方式。通过这种方式,我们能够根据初步候选人的得票数来确定正式候选人,这样做既保证了候选人的质量,也提高了群众的满意度。

(3)公开竞选。在村选举领导小组的组织下,正式候选人尤其是两名村主任候选人,平等竞争,公开竞选,向村民发表竞选演说,报告本人有关情况、治村方案和对村民的承诺,回答选民当场提出的问题。

(4)设立秘密划票间投票时,选民单独进入划票间,他人不得旁观,只有选民自己知道投了谁的票。

总之,村民委员会的民主选举在实践中不断完善,从而将决定村委会干部去留的权力,交到广大农民群众手中。

2. 全面推进村级民主决策

民主决策的过程是依据法律法规,在农村设立村民会议或村民代表会议,这些会议的主要职责是研究和决定村庄的重大事务和群众普遍关注的问题。在会议上,按照多数人的意见进行决策,这些事项包括村干部的误工补贴人数和标准、集体经济收益的使用、村公益事业的兴办和筹资筹劳方案及建设承包方案、土地承包、宅基地使用和集体经济项目承包的方案等。此外,还包括以借贷、租赁或者其他方式处分村集体财产。村民会议是村庄中最重要的会议之一,它由年满18周岁以上的村民或2/3以上的农户派代表参加。村民会议是村民参与度最高、规模最大的会议,它能够最直接、最全面地表达村民的利益和愿望。因此,村民会议也是村民自治组织中最高级、最完善、最有权威的组织形式。

同时,针对当前大多数农村中存在的村民居住分散,活动缺乏规律,村民会议很难经常召开的困难,人们在实践中又创造了一种村民会议的特殊形式——村民代表会议。村民代表会议一般在大村设立,每5~15户左右推选1名代表,代表任期与村委会成员相同。村民会议和村民代表会议都是村民行使当家作主权利的民主决策机构,由于村民代表会议有点类似全国人民代表大会的常务委员会,所以村民亲切地称为"小人大"。

3. 全面推进村级民主管理

民主管理,就是发动和依靠村民,共同管理村内事务,维护村内秩序。

民主管理主要体现在两个方面:(1)通过村民会议或者村民代表会议,让村民就村内事务发表意见,直接参与管理;(2)依据党的方针政策和国家法律法规,结合本地实际,制定村规民约或村民自治章程,让村民和村干部自我约束,自我教育,自我管理。村规民约对于规范村民行为,提高村民素质,加强农村社会治安综合治理,推动农村精神文明建设,都具有良好的作用。村民自治章程是村民自我管理、自我教育、自我服务的综合性章程,村民自治章程内容十分广泛,基本上包括了村民自治和村务管理的各个方面,有些村民自治章程在上述内容的基础上还增加了社会福利社会保障、农业科技教育、国防教育、法律知识教育、廉政工作等方面的内容,由于村民自治章程是目前我国村级自治组织中层次最高、结构最完善的规章,村民形象地称为"小宪法"。

4. 全面推进村级民主监督

民主监督,就是村民通过一定形式监督村中重大事务,监督村委会工作和村干部行为。民主监督是实现村民自治的重要内容和保障。

村务公开是民主监督的主要形式,贯穿于村民自治的整个过程之中,凡是村里的重大事项和群众普遍关心的问题,都应向村民公开。村务公开的重点是财务公开,这是群众最为关心的问题。村务公开方式,有的通过会议公开,有的通过广播电视公开,主要是设立村务公开栏,将村民关注事宜广而告之,一些村庄确定民主公开日,定期公开村务。除此之外,村委会和村干部要定期向村民会议或村民代表会议汇报工作,接受监督,听取意见,对大多数群众不满意的事情,坚决予以纠正;对经民主评议不称职的村干部,由村民依法予以罢免。

二、农村社会矛盾预警

社会矛盾经常成为诱发群体性突发事件的导因,农村社会矛盾在一定条件下可能会引发群体性突发事件,预防突发事件发生是对突发事件最好的管理。建立农村社会突发事件预警机制,把苗头和隐患消灭在萌芽状态,及时发现征兆,发出警报,在第一时间预防预控是成本最小、受益最大的农村社会突发事件管理形式。

所谓农村社会矛盾预警,是指在农村社会突发事件爆发之前及初期,基层干部进行突发事件预测、预控和预防等,具体包括以下几个方面的内容:

(一)建立信息监测系统,收集处理潜在的预警信息

信息是预警的基础和生命。突发事件预警,其主要工作就是要收集预警征兆信息进行分析,根据分析结果,发布警报信息和对策信息。信息收集、传递、处理和运作,对农村社会突发事件处理有着十分重要的作用。

1. 完善信息监测和收集的体系

要建立高度灵敏、全面的信息收集监测机制。各级政府应加强对信息的搜集、汇总、监测和评估,应及时捕捉征兆,及时发现问题,要健全信息情报网络,立足于及早发现和化解矛盾纠纷。各村(社区)、各单位要建立和完善多层次、全覆盖的信息员队伍,公安、国土资源、农业、畜牧、卫生、教育、信访等相关职能部门应依托自身的基础信息监测网络实施常规信息的监测。各乡镇要建立专项监测体系,捕捉社会经济活动中负面信息,发现各种隐患并监测跟踪事态发展走势,对即将发生或已经发生的突发事件进行评估。

2. 建立信息报告制度

各村(社区)、各单位是受理报告和向上级报告信息的责任主体。任何单位和个人有权向各级政府和有关部门报告突发性、群体性事件及其隐患,有权举报不履行或者不按照规定履行突发性群体事件应急处置职责的部门、单位和个人。

3. 加强信息处理工作

在农村社会突发事件管理流程中,预警阶段信息管理是最为关键的一个

环节,没有及时、准确、传递迅速的信息和高效的信息处理,管理者就无法准确判断突发事件征兆,示警、接警和处警链就会处于首尾不顾的瘫痪状态。各村委会(社区)、各单位接到预警信息后,要立即组织力量到现场进行复核确认,并及时采取必要的应急措施,同时根据事件的具体情况,提出具体处理意见并报乡镇人民政府。

可以在乡镇建立三级预警信息管理机制。对一般性、常见性的婚姻家庭、邻里、土地等纠纷信息列为三级预警信息,由村调委会进行调解;对有明显不稳定苗头,有可能出现小规模械斗冲突、群体性纠纷但乡镇政府有能力控制局面的纠纷事件,列为二级预警信息,由乡调委会进行调解;对于一般的治安案件,由派出所介入处理;对情况紧急,矛盾突出,容易激化酿成严重后果,乡镇政府认为有可能发生部门间较难控制的群体性械斗事件,有可能发生群体性赴市(州)上访事件,以及其他影响社会稳定的重大、复杂矛盾纠纷事件,列为一级预警信息,立即上报上级相关部门,对于有可能构成犯罪的行为,由公安部门介入处理。

(二)健全超前联动排查机制及合力化解机制

针对农村存在的各种问题和纠纷,应该调动有关方面的力量,及时发现隐患,及时将矛盾化解在萌芽阶段。

1. 健全超前联动矛盾排查机制

按照"属地管理,分级负责,谁主管,谁负责"的原则,村委会、站所部门应坚持每月定期排查与重点时期、重大节日、重大活动期间的重点排查相结合,及早发现和掌握可能影响本地区社会稳定的重大矛盾和突出问题,对排查出来的矛盾纠纷和突出问题,应针对不同特点,认真研究处理的途径和办法,妥善加以解决。乡纪委要根据平时群众来信来访情况,确定重点信访案件,根据案件性质,分类予以梳理登记,逐件明确责任单位、责任领导和责任人以及办理时限,对重大矛盾纠纷苗头性、倾向性问题,由主要领导亲自挂帅,快速反应,依法果断处置,有效防止事态扩大和矛盾升级,切实做到小纠纷不出组,一般矛盾不出村,疑难纠纷、重大纠纷不出乡(镇)。

2. 健全矛盾合力化解机制

人民群众反映的许多问题,成因比较复杂,涉及面广,矛盾一旦出现,仅靠个别部门的力量去化解往往难以奏效,需要有关部门合力化解。对辖区内出现的矛盾纠纷,要依靠有正义感且有威望的群众代表、矛盾纠纷当事人的亲属和亲戚朋友以及相关部门,及时做好纠纷化解工作;对出现在不同单位和部门间的矛盾纠纷,要加强相互协调与配合,主动沟通情况信息,共同做好纠纷化解工作;对于出现的重大突发性事件,在党委政府的统一指挥下,有关部门参与,认真履行自身职能,统筹兼顾、齐抓共管,共同做好矛盾纠纷的化解工作。

(三)建立完备的预警信息发布制度

预警信息的发布要有连续性。确定警情并予以发布后,发布突发事件警报的机构应当根据事态的发展,按照有关规定适时调整预警级别并重新发布有关危机变化的新信息,让公众随时了解事态的发展变化,以便主动参与和配合政府的危机管理措施,提高危机管理的效率;危机警报解除后也要在第一时间向社会公开发布信息,使社会尽快恢复正常秩序。

(四)健全考核结账机制和责任追究机制

1.健全完善考核结账工作机制

考核结账是确保矛盾纠纷有效解决的一个重要手段。健全完善考核结账工作机制,要重点做好三个方面的工作:一是实行季度考评制,对每项工作实行重点安排、细化目标、责任到人,实行一季度一考评、一季度一通报、一季度一结账、半年一小结、年终结总账。二是实行奖惩激励制,对完成任务较好、位次靠前的,给予一定的精神或物质奖励;对未完成工作任务,位次靠后的,除通报批评、限期整改外,给予一定的经济处罚。三是实行末位淘汰制,对考核连续三次位居后三名的,对相关单位实行警告,对相关责任人实行诫勉或待岗处理,促其工作任务按时完成,确保工作质量不断提高。

2.完善责任追究机制

要强化矛盾纠纷发生地的责任,并明确各乡镇、村委会(社区)"一把手"为矛盾纠纷排查调处工作的第一责任人,对矛盾纠纷的排查调处负总责,对责任心差、作风浮夸、敷衍了事、玩忽职守,造成严重后果或不良影响的,坚决实行"一票否决",取消"评先表模"、提拔任用和晋升晋级资格,并追究其党纪政纪责任。

三、农村纠纷调处方法

当前,我国农村社会矛盾纠纷纷繁复杂并呈上升态势。如果农村社会矛盾不能得到及时有效化解,就可能转化为治安案件、刑事案件,甚至演变为群体性事件,损害党群关系、干群关系,影响社会和谐稳定,因此及时有效调处纠纷,将矛盾解决在基层至关重要。

(一)农村纠纷的类型

纵观近年来农村的社会矛盾纠纷,主要有以下几种类型:

1. 邻里型纠纷

由于各种利益关系,邻里纠纷成为农村一种常见的社会矛盾纠纷,约占农村矛盾纠纷的 30%。邻里之间经常因为道路通行、孩子吵闹、家禽家畜、口角等琐事而发生矛盾冲突,由于相互之间的近邻关系,"早不见晚见""抬头不见低头见",这类邻里之间的纠纷直接影响村民的和谐相处,如处理不当,极易诱发打架斗殴、故意伤害等违法犯罪案件,增加社会的不和谐因素。

2. 权属型纠纷

这类矛盾纠纷围绕财物的所有权、使用权而产生,如山林纠纷、水源纠纷、宅基地纠纷、土地使用纠纷等。这类矛盾纠纷一般有一定历史渊源,遗留时间较长,涉及双方当事人的切身利益,矛盾较为尖锐。当事人双方为了自身利益,不愿意轻易让步,持续时间长,而且调解难度大,稍有不慎,极易引发新的矛盾纠纷,甚至械斗。

3. 家庭型纠纷

家庭矛盾纠纷主要发生在家庭成员之间,往往源于夫妻情感、财产纠葛、父母赡养、孩子教育等。这类矛盾纠纷在农村较为普遍,有的家庭成员由于受文化、个性以及法律素质的影响,缺乏一定的谅解与容忍,有的在家庭中施展暴力,直接侵犯家庭成员的人身权利,造成家庭成员的人身伤害甚至剥夺生命权。此类矛盾纠纷,看似"鸡毛蒜皮",处理不及时也极易诱发治安案件或刑事案件,影响社会稳定。

4. 经济型纠纷

随着村民之间、村民与企业、社会组织之间的经济往来增多,各种经济纠纷也随之增多,如合同纠纷、抵押纠纷、借款纠纷、劳务纠纷等,有的不履行承诺,造成对方当事人的经济损失,有的不愿意走诉讼程序维护自己的合法权益,而是采取私了的方式解决争端,结果,强行扣押财物、扣押人质的案件也随之发生,进而扩大矛盾纠纷。

5. 责权型纠纷

主要是一些政府部门、企业、法人不认真履行合同规定的义务,随意拖欠工程款、拖欠职工工资、拆迁安置补偿标准低或不按时兑现、养老金发放不及时、集资收费不合理等,直接影响一部分农村群众的利益,诱发矛盾纠纷。

6. 干群型纠纷

有的基层干部服务意识差,办事不公道,以权谋私;有的贪污腐化、侵犯集体利益和群众利益,引起群众不满。

当前的农村矛盾纠纷往往是几种类型的纠纷交叉在一起,或由一种纠纷引出其他纠纷,如果没有得到妥善的解决,农民投诉无门,在一定条件下可能会引发群体性冲突或导致违法犯罪行为,这将损害党群、干群关系,严重危及社会稳定。

(二)农村纠纷调处具体方法

以往的农村社会矛盾诱因简单,参与主体单纯、形式单一,利益冲突容易化解。近年来,农村社会矛盾纠纷成因多,形成过程复杂,解决的方法已不再那么简单了。

要把农村的矛盾纠纷调处好,必须注重采用以下调处方法:

1. "整体联动"调处法

我国现有的农村社会纠纷调处机构和组织主要包括人民调解委员会、基层司法所、政府信访部门和人民法院等。对于一般的问题和纠纷可以通过人民调解和信访调处的形式就地解决,对于牵涉面比较大的纠纷则需要多部门联动解决。

首先,为了优化人民调解制度,需要全面建立调解委员会,并在村民小组设立调解(处)小组。每10户村民将推选一名代表担任调解员或信息员。在乡镇和村级单位将成立人民调解委员会。乡(镇)司法调解中心将负责处理乡镇内的重大和疑难纠纷,而村(社区)人民调解委员会则负责解决本村较严重的纠纷。调解小组会处理本小组的一般性纠纷,调解员将提供信息并处理简单纠纷。通过这种方式将形成一个全方位的点、线、面三级调解网络,使人民调解发挥第一道防线的作用。这将有助于妥善处理热点、难点问题和突发事件,从而更好地疏导和化解社会矛盾。

其次,为了加强信访调处制度,需要将司法和各行政部门的力量整合在一起。具体措施包括建立乡镇、村(社区)和村民小组级别的信访调处中心(办)。这样可以扩大接访平台,加强调解职能,以便更积极地解决各种矛盾纠纷。然而,对于那些无法通过调解处理和解决的问题和纠纷,我们可以引导农民寻求行政裁决、行政复议或诉讼等途径。通过这样的方式,我们可以确保信访调处制度的有效性,从而更好地服务于人民群众。

最后,建立农村矛盾纠纷排查调处联动机制。由于当前引发各类矛盾纠纷的原因很多,涉及政治、经济、法律、行政管理等诸多方面的问题,因此,要建立健全矛盾纠纷排查调处协调联动机制,对重点矛盾纠纷,确定案件的牵头单位和配合单位,协调各单位上下配合、左右联动,共同做好调处工作。

2. "苗头预测"调处法

各级党组织、调解组织应提高"预防为主"意识,提高对矛盾纠纷的敏感性,对可能出现的矛盾纠纷要提前预防,对已发生的矛盾纠纷要认真分析,把握动向,及早处置,不可掉以轻心。要充分发挥基层调解组织信息情报、排查化解的"第一道防线"作用,着重"抓小、抓苗头",把可能发生的矛盾纠纷化解在基层和萌芽状态,把可能引发较大事件的矛盾纠纷大事化小、小事化了。

针对农村因季节变换,特别是农忙时节容易产生矛盾纠纷的特点,及时了解掌握社情动态,提前预防,避免群体性械斗事件或民转刑案件的发生;充分利用入户排查矛盾纠纷时所掌握的相关信息,及时化解可能引发矛盾纠纷的苗头性事件,使矛盾纠纷得到有效遏制,避免事态恶化;对因界址、引水、通行等矛盾引起的纠纷,要深入村组、农家、田间地头,摸清"导火线",从源头上清除障碍,使纠纷迎刃而解。

3. "排忧解难"调处法

有时候民事纠纷的产生是当事人在日常生产和生活中面临实际困难的结果。为了妥善处理这类问题,需要进行深入而详尽的调查找出问题的根源,并切实帮助当事人解决他们的困难。我们需要分析并研究导致矛盾的原因,对于因为生活困难而产生纠纷的当事人,我们应该首先为他们提供解决问题的建议和方法,帮助他们解决实际问题。一旦问题得到解决,相应的纠纷也会自然化解。此外,我们还需要根据当事人的不同心理状态,对他们某些方面的优秀表现和做法给予肯定和激励,灵活地运用这些方法,可能会取得超出预期的效果。

4."换位思考"调处法

针对一些由琐碎之事引发的矛盾纠纷,根据其容易教育说服的特点,向双方说明利弊,说服他们以和为贵,化干戈为玉帛,利用家庭成员以及关系密切的亲戚、同学、战友说服劝导,用亲情感化,缓解矛盾,使双方互谅互让,接受调解,注意选准"中间人",能起到事半功倍的效果。

5."舆论引导"调处法

对"抚养、扶养、赡养"等涉及道德评价的案件,选一些比较典型的案件在被告所在地调解,请德高望重的乡亲到场,利用亲情和舆论的影响,促使被告主动接受调解。不少"三养"案件的被告因怕乡邻戳"脊梁骨",常常主动找人请求调解,还应结合"平安家庭"和文明户年度评选等,开展农村思想道德及法制宣传教育。

第七章　农村群众工作方法

第一节　当代农村与农村群众的新特点

"老办法不管用,新方法不会用",这在很大程度上描述了新时期群众工作的问题和紧迫性。为什么会出现这种状况呢?最主要的原因就是与过去相比,广大农村发生了全面而深刻的变化,必须认识和理解这些新变化,才能积极改进新时期的农村群众工作方法,概括来说,当代农村与农村群众的新特点表现如下。

一、农民利益多元化

整体而言,改革开放以来,我国农村经济发生了翻天覆地的变化,从1978年到2010年,农民人均收入由133.57元增加到3 254.93元,增长了近25倍,但从局部来看,由于我国自然条件和地理区位的差异性,我国东西部发展存在着明显的空间差异,东部地区自然条件良好,区位条件优越,经济资源集聚较多、经济发展优势明显,而中西部地区尤其是西部地区自然条件较差,区位劣势明显,严重影响该区域城乡经济的发展。从经济发展水平来看,全国可以分为以下几类地区:

(一)现代化农村地区

以上海农村为代表,农村经济社会发展水平较高,其农村经济综合实力远远超过其他省市的农村,第一产业发展比重小,第二、三产业发展比重大,农村基础设施发达。依托上海国际大都市地位,农村已经基本实现了现代化,城市带动和辐射功能非常显著。

(二)发达农村地区

它包括天津、北京、江苏、浙江、福建、广东、辽宁、山东等省市。这些省市的农村地处东部沿海,区位优势明显,经济发达,农村经济发展水平较高,农村经济非农化程度高,第二、第三产业较为发达。

（三）中等发达农村地区

它包括新疆、海南、内蒙古、黑龙江、吉林等省区。这些省区农业资源丰富,以农为主,第一产业发达,农业发展的市场化程度高,是我国粮食的主产区。

（四）欠发达的农村地区

它包括陕西、甘肃、宁夏、四川、重庆、江西等省区。这些省区多数位于我国西部地区,农村总体发展水平不高,产业结构仍以农业为主,非农化程度较低,农村基础设施落后,市场化程度较低,农村整体发展水平不高。

（五）不发达农村地区

它包括西藏、青海、贵州、云南 4 个省区,是全国农村发展水平最低的地区,也是发展最为缓慢的地区。这些地区的多数农村地处边疆、山区,农业仍以第一产业为主,第二、第三产业落后,农业资源比较丰富,如水、草、森林等资源比较充足,但农村基础设施较落后,农业市场化程度较低。

由于这种经济发展水平的差异性,直接导致了不同地区、不同群体农民需求的多样化,由于需求的多样化,就出现了农民的多元化,农民不再是一个同质的总体概念,而是分化为发达地区的农民、贫困地区的农民、边疆的农民、少数民族农民以及不同年龄和性别的农民等不同的群体概念。多元化的农民必然表现出多元化的利益诉求,反映在现实中就是农民多样化的发展目标,而且多元化的利益之间往往会存在冲突,这是当代农村社会不稳定的重要原因之一。特别是当农村发展的政策是在更多地有利于农村当中的优势人群而导致同一群体内的发展差异扩大时,就会出现利益分配不均,农村社会不稳定的因素就会增加。

换句话说,当前我国差异性的社会已经形成,即人们在物质上的长远利益和根本利益趋向一致,眼前利益和局部利益表现为若干的差异。差异性社会,它既不同于同质性社会,存在着物质利的种种差别和利益对抗,在市场经济条件下存在着利益集团的分层;又不同于对抗性社会,因为在大部分条件下,物质利益不表现为对抗和冲突,只表现为差异。当前需要警惕的就是任由市场自发盲目地起作用,让资本自由流动,不加限制和监管,最后就会因为两极分化而导致矛盾产生。

二、农民决策分散化

稳定以家庭为基础的农村经营制度,是党和政府长期坚持的方针。家庭成为我国农村一个基本的核算单元和决策单元,家庭决策成为农村生产和生活的主要形式,其优点是与人民公社时期相比,调整了农村生产关系,解放了农村生产力,调动了亿万农民的生产积极性,但也出现了一些缺点和不利方面,主要表现在以下方面:

(一)农业生产率提高到达"瓶颈"点

我国现有农业劳动力3.2亿,占全国劳动力总数的67.3%,而农业总收入只占 GDP 总量的15.2%,美国农业劳动力约为300万人,但农业自给率高达132%,粮食产量仅次于我国,居世界第二位,其主要农产品出口额是我国的4~5倍,人均出口额更是我国的400~500倍。我国农业劳动生产率较低,平均每个劳动力生产的谷物只有世界平均水平的2/3,只有美国的1/90,也远远低于日本、澳大利亚、巴西等国家。随着农村青壮年劳动力(高素质劳动力)向城市和工商业的流出,我国以家庭分散决策和经营为主的农业劳动生产率将出现停滞不前甚至局部倒退的趋势。

(二)现代农业组织发展受限

由于受到历史上人民公社体制的消极影响,人们一谈到农村组织就想到平均主义和"大锅饭",导致在农业现代化的进程中,农业生产的各个环节缺少必要的分工和有机联系,农村社区组织发展缺少必要的良好的外部条件,农村社会"一盘散沙",生产的分散性和独立性导致了农民生活的个体性和封闭性,按照现代农业发展的规模化、专业化和社会化要求,农村现代生产组织的发展亟待加强。

(三)农村公共产品供给弱化

在农村改革之前,我国长期实行人民公社制度。在政社合一的人民公社体制下,基本生产资料归集体所有,公共产品的供给和使用都是由集体统一组织、安排,政府作为唯一的供给主体,在农村公共产品的供给中担当了号召者、组织者的角色,在当时"重工轻农"战略及财政收入有限的条件下,制度内公共产品供给严重不足,人民公社正常运转所需的公共产品支出不得不主要依靠制度外供给,实际中采用的则是以劳动力代替资本的方法,由政府以行政命令的方式动员并组织劳动力承担土壤改良、水利建设、道路修建等劳动密集型投资项目,这些措施的结果是扩大了灌溉面积 8 018 万亩,并使全国水灾面积由 1949 年的 1 亿多亩缩小到 1952 年的 1 600 多万亩。

三、农民观念差异化

(一)农民思想观念的变化

改革开放之前,社会对农民思想观念的一般看法是:农民思想保守,不思进取,安于现状,得过且过,胆小怕事,因循守旧等。从现在的情况来看,农民的思想观念与以前相比已经大不相同,积极的变化表现为:

1.思想观念的转变

改革开放以来,许多传统的落后的东西逐渐被农民抛弃,更多现代、先进的文化被人们自觉地接受了,人们亲身感受到一切财富都要通过劳动才能获得,靠天吃饭,靠别人救济,都不可能从根本上改变自己的生活。救急不救穷,政府和社会一时的救济只能解决燃眉之急,不能解决可持续的脱贫,授人以鱼不如授人以渔,只有掌握脱贫致富的技能才是最根本的出路。

2.自我判断能力的提高

信息化对农民产生了深刻的影响,使得他们的信息获取方式变得多样化。电视和互联网的广泛使用,使得过去仅依赖于报纸和杂志的信息获取方式发生了根本性的改变。各种各样的信息在农村广泛传播和反馈,影响着农民们的生产生活。他们开始有自己的判断,不再盲目追随权威。农民们深深认识到,没有文化和技术是无法致富的。他们不再相信命运的安排,而是从身边的成功榜样身上看到,命运其实掌握在自己手中。法律知识的普及,使他们明白,当自己的权益受到非法侵犯时,无论是个人、政府机关还是其他组织,都应该通过法律途径来维护自己的权益,寻求公道。

3. 行为方式的理性化

在旧社会的农村,人们遇到什么纠纷或者感到心中不平之事,一般采取野蛮、愚昧的做法,依靠家族的力量,依靠家法、族规解决。随着时代的发展,文明的进步,人们法律意识的提高,开始用一种文明的、理性的做法来解决现实中出现的问题,用寻求社会和谐的办法来解决矛盾和纠纷已经成为各地农村的一种风尚。

4. 对政府过分依赖的观念发生变化

长期以来,由于计划经济的影响,老百姓自己的生产行为过多地依靠政府的安排。随着市场机制的深化和信息技术的普及,人们对过去的计划经济时期的做法表示怀疑,开始用一种经济理性来审视政府指令。长期的经验和知识的积累,使得他们能够判断出哪些信息更能够使自己产生更大效益。这从另一方面也给各级政府工作提出了更高的要求,要求政府机关和工作人员必须切实提高自己为人民服务的技能,切实为群众带来看得见、摸得着、管长远的利益,那些政策水平高、科学知识扎实、实践经验丰富的基层干部更能受到农民的尊敬和拥护。

5. 精神生活的日益丰富

随着物质生活的满足,人们的精神追求也越来越丰富,农民关心的事情不再仅仅是作物的品种、产量、耕作技术和水平,而是效仿城市里的生活,从家具的款式、常用生活用品的使用,到生活习惯的改善,都渐渐使自己和传统农民的生活方式相脱离。

(二)农民思想观念上存在的新问题

农村社会是复杂的,农村的变化也是多元的,当前,农民的思想观念也存在着一些值得注意的新问题。

1. 主流意识形态缺失

由于利益主体的多元化,加上长期以来有些地方忽略了精神文明的建设,意识形态出现多元化,主流价值观被冲淡,社会公平被压缩,集体精神被边缘化,私心在膨胀,为自己致富意识较浓,合作意识淡薄,有的甚至以邻为壑,损人利己。

2. 错误意识在一些地区和时期大行其道

由于一些地区政府工作的规范性不足,习惯于"各打五十大板","会哭的孩子有奶吃","撑死胆大的,饿死胆小的"等不良的社会治理方法,甚至出现邪不压正的社会风气,这样就使一部分农民放弃了传统农民勤劳、朴实和任劳任怨的生活态度,而浸染了无理取闹、漫天要价、出尔反尔、故意刁难等错误意识。他们"巧妙"地与基层政府周旋,甚至是"游戏"地方政府,使部分基层干部不敢理直气壮地工作,农村社会治理弱化。

四、农村社会开放化

传统农村社会的特点是"日出而作,日入而息","鸡犬之声相闻,老死不相往来","两亩地,一头牛,老婆孩子热炕头"的熟人社会,而现在农村社会最大的特点就是开放性,尤其表现为与城市社会的互动性,主要情况如下:

一是由分割走向融合。新中国成立以来,长期的城乡分割分治,形成了典型的城乡二元结构。随着改革开放的深入推进,限制城乡人口自由流动的各项政策逐步取消,城乡通道开始打开,生产要素在城乡间自由流动,亿万农民工流向城市。可以说中国城市化进程的本质就是几亿农业人口转入非农产业,社会结构发生变化。

二是由从属走向平等。长期以来,农村相对于城市处于从属地位,主要体现在:歧视性的户籍制度,从属性的经济政策,不平等的公共产品供给制度。进入新阶段,党和国家从实现城乡两大主体平等分享社会进步和改革发展成果出发,重新定位农业农村制度方向,促进公共财政向"三农"倾斜、公共设施向"三农"延伸、公共服务向"三农"覆盖,"四取消""四补贴"等惠农政策全面落实,农村义务教育"两免一补"政策迅速推行,新型农村合作医疗广泛覆盖,农村最低生活保障制度基本建立。

第二节　农村群众工作基本原则

一、农民主体

在新的历史时期,要把群众呼声作为第一信号,群众需求作为第一选择,群众利益作为第一原则,群众满意作为第一标准,要求无论做任何事情,都要把实现好、维护好、发展好广大农民的根本利益作为农村一切工作的出发点和落脚点,推进决策科学化、民主化,努力使各项方针政策更好地体现人民群众的根本利益,要常怀为民之心,常听为民之言,常思为民之策,常兴为民之举,实实在在地把人民群众的事办实办好,正如毛泽东同志曾经教导我们:"从群众中来,到群众中去。"密切联系群众是我党的优良传统、政治优势和本质特征,基层干部工作在农村,服务于"三农",是党的政策的宣传员,是为民办事的服务员,是执行决策的指挥员,又是身先士卒的战斗员。因此,要树立农民才是农村社会管理的主体的意识,使农民的积极性得以发挥,农村社会才能稳定的意识,要尊重群众、团结群众、遇事同群众商量,群众才能信任和支持,要努力做到思想上尊重群众,感情上贴近群众,行动上深入群众,工作上依靠群众,并充分考虑其情绪、利益和愿望,多为群众做实事、办好事、解难事。

二、指导服务

传统农村社会的权与利的分配机制已经发生了变化,基层政府工作方式正在由20世纪50年代到70年代的号召动员型、80年代到90年代的指标压力型,走向民主合作型。号召动员的背后其实是政治高压,指标压力的背后其实是强权约束,那种仅仅靠鼓动、靠压力、靠滥下指标,用硬约束来督促完成任务的工作方式显然已经不能适应形势发展的要求,一种新的权与利的配置机制——民主合作型正走向前台。究其原因是随着农民经济负担减轻、行为空间放活,其政治意识、民主意识和法治观念不断强化,对政治、经济、社会生活中各种权利的诉求越来越强,对乡村组织、乡村干部的依赖性越来越弱。县乡政府和基层干部应探索与农民合作的新路子,努力寻求"合作型"的工作新思路,不断用市场的途径、法律规定的办法和协商的方式,开展新时期的"三农"工作,不仅要问计于精英,更要问计于民众,不仅要决策于庙堂,更要决策于乡野,就具体工作而言,尤其要克服"点缀型的民意调查、偏好型的盲目决策、强制型的有偿服务、闷包型的财政预算、过场型的民主程序"等扭曲了的政府行为。

尤其要强调打造服务型的政府,服务内容包括态度上的关心、行为上的帮助、方法上的引导、在实际中解决问题。

三、引领示范

在新的农村形势下,使用强迫命令和行政压力,显然不符合法律和政策,农民也不会领情,效果也不会好,因而必须树立"典型引领"的意识,典型引领是"唯物辩证法矛盾特殊性和普遍性"哲学观点的运用,矛盾既具有特殊性,也具有普遍性,对同类事物的研究,可以采用树立典型的方法,重点研究其中的某个部分,掌握其普遍规律,积累经验,创造学习榜样,进而推动整体工作。

"榜样的力量是无穷的",尤其是农民更易接受形象、具体的事物。因此,需要注重典型树立和宣传,让农民群众接受典型身上所体现出来的精神和价值观,从而起到典型引领的作用。首先要发现典型。在农村改革、发展的过程中,农民群众创造了许多新经验,也涌现了不少先进典型。要有典型意识,及时深入群众,不断发现和培养先进典型。其次,要充分利用典型示范。农民是最讲实际的,当他们亲眼看到典型所取得的实际效果,亲身感受典型所带来的经济利益时,就会积极主动地看着学、跟着干。要充分发挥典型的作用,让他们在传播信息技术、解放群众思想、支持公益建设方面发挥作用。同时要攻克难点、突破重点。基层干部常常抱怨现在的农民觉悟低、太实际、太保守等,但真正的原因是农民的经济基础薄弱,抗风险能力低。在没有较大把握的情况下,他们不愿意也不敢冒风险。只有通过身边人的试验和示范,让农民看到成效,减少风险性,农民才会逐步采用。

四、模式多样

从根本上来说,文化在不同的时代和不同的地方具有不同的表现形式,这种多样性的具体表现是构成人类的各种群体和各种社会的特性所具有的独特性和多样化。文化多样性是交流、革新和创作的源泉,对人类来讲就像生物多样性对维持生物平衡那样必不可少,从这个意义上讲,文化多样性是人类的共同遗产,从这种多样性出发,我国社会新的多样性特点如下:

第一,我国工业化、城市化和人口流动的速度与规模是世界史上罕见的,一个数据可以说明:全球的人口流动才2亿多,而中国境内的人口流动就基本达到了这个数字。农耕社会差不多是一个静态社会,计划经济时代的中国是一个更静态的社会,人几乎不流动,除非是组织需要,但以市场为导向的城市化和工业化,带来了人口的高流动。

第二,城乡和区域之间的差异逐渐加大,即使是同一区域内不同的小区域之间的差异之大也令人惊叹。现在,通过社会调查去了解整体社会已变得力不从心,"解剖一只麻雀"的时代过去了,费孝通先生一生就曾为这个问题困惑,他曾认为,如果把中国农村的社区按照工业化市场化的标准进行分类,对每一类进行深入研究,再进行总括,就能认识中国。但是这条路他从来没有走通过,因为区域差异实在太大,即使可以分类,以个人的精力也无法对每类进行调查。在这个市场经济高度发展、区域差异高度形成的时代,已经没有"麻雀"了,林子里飞着各种各样的鸟,怎么去总括? 所以,区域差异的加大,使得以区域调查研究去认识中国变得日益困难。

第三,变化的速率递增。比如,1996 年以前的中国农村,农民负担还相当重,但中央对农村的政策在短期内发生了历史性的变化,从 2002 年到 2008 年,全国基本都取消了农业税,这也就是说以前的研究还得在新政策下重新去做,再如 20 世纪八九十年代蓬勃发展的乡镇企业,原以为它作为社会主义经济内容的重要组成部分可以长久存在,但想不到 20 世纪 90 年代中期以后,它们却在全国范围内分崩离析了。

另外,国内的经济还受到国际政治经济变化的高度影响,因此考察本国变化的同时还要去考察全球,尤其是发达国家的变化对整个趋势的影响。加入WTO 以前,国内很多人忧心忡忡,认为承包制小农业不足以和美国的现代大农业抗衡,结果证明除了大豆以外,其他都没有问题,处于稳定发展期。在经济全球化条件下,分析一国的现象,光靠调研不够,光靠中间经验也不够,还要世界经验,所以暂且把上述种种情况概括成复杂性、变化性和多样性。面对这种复杂性、变化性和多样性,任何一个单一的模式都无法适应如此庞大而变动的社会体系,这就需要多样化的模式和做法,需要从各种具体而又复杂的情况出发,找到并形成多样化的农村群众工作方法。从这个意义上来说,农村群众工作的方法和模式是不可能学习和推广的,只能是参考和启发,然后再针对特殊情况进行创新。

五、依法依规

在国家法律体系不断完善的今天,每项工作都应该由国家法律法规来规范,我们应该在农村群众工作中做到:第一,要宣传好法律,不断增强群众的法律观念,让群众自觉遵规守法;第二,要依法思考问题,善于依照有关专门法律来思考每一个具体问题,必须明白它适用什么法律,应由哪个部门处理;第三,要把握法律讲求原则,做好农村工作,既需要学法、懂法,把党的政策交给农民,维护农民群众的根本利益,同时,又要求讲原则,讲立场,不回避矛盾,敢于同歪风邪气做斗争,因此必须始终把握法律、讲求原则,动之以情,晓之以理,有理、有利、有节地处理问题;第四,要依法处理问题,每一个具体的违法案件都必须交给主管部门依法处理,只有这样,才能不越位、不越权、不违法,才能不会成为行政诉讼案的被告。

六、情感投入

"老百姓在干部心中的分量有多重,干部在老百姓心中的分量就有多重"。基层干部要站在村民的角度想问题,办事情,学会与群众打交道的方法和艺术,学会说群众听得懂的话,说贴近群众感情的话,经常到群众中"走走亲戚""串串门""拉拉家常",对农民群众的冷暖疾苦感同身受,用热情影响群众,用真情赢得群众。干部做群众的思想政治工作,不能张嘴就是官腔、套话,话要说得朴素,讲得在理,让群众听着亲切,让群众听着服气,要拿出真心教育群众。群众的思想工作,不可能一点就通,一做就灵,不仅要用嘴说,而且要用心换,要不厌其烦,耐心细心,苦口婆心,靠真诚执着的精神打动群众,捧出我们的一颗真心,赢得一片民心,要拿出恒心教育群众,把群众呼声作为第一信号,把群众需要作为第一选择,把群众满意作为第一标准,坚持问政于民、问需于民、问计于民,多办顺民意、解民忧、增民利的实事。

在农村地区,人们生活在熟人社会中,他们重视感情和面子。因此,在接待群众时需要做到以下几点:首先,要热心接待他们,表现出我们的诚意。其次,要有耐心,倾听他们的诉求,专心记录他们的问题,以便给出准确的解答。再次,我们还要细心解释,确保他们理解我们的回答。最后,我们要尽心疏导,帮助他们化解矛盾。通过心与心的交流,我们可以拉近与群众的距离,真正了解他们的想法和矛盾的实质。为了消除当事人之间的隔阂,我们可以从感情入手,调动每个人的主观能动性。在基层,以情动人的方法往往比以理服人更有效。我们需要改变过去命令式的做法,主动帮助群众解决问题和遇到的困难。只有这样,我们才能达到事半功倍的效果。同时,我们还要改变过时的观念和做法,强化政策意识和群众观念,摒弃简单粗暴的工作方法。这样,我们才能更好地贯彻党的方针政策,赢得群众的信任和支持。总之,我们要在工作中始终保持一张笑脸,热情地接待每一位群众,让他们感受到我们的关心和尊重。

七、干部垂范

"富不富,看支部,强不强,领头羊""基础不牢,地动山摇""班子棒,村子旺",这些都是农村基层党建工作中的精练话语和经验。计划经济时代,农村基层干部有"电筒、雨伞、靴子"三件宝,社会主义市场经济时期,农村基层干部应该掌握"信息、政策、法律、科技"四件宝。

农村党员干部要带头加强自身修养,要带头遵纪守法,自觉做群众的楷模。农村干部特别是农村党员干部要带头加强自身修养,提高理论政策水平,牢固群众观念,真心为群众服务;要带头遵纪守法,凡要求群众做到的,自己首先做到,自觉争当群众的楷模,树立自身形象、密切与群众关系;要严格要求自己,克服陈规陋习,把每一次与群众的交往,都当作树立自身形象、密切与群众关系的机会。

村干部的形象是日积月累起来的,不是靠一纸任命和一场选举就有威信,也不是靠权力、靠威力就服你,而是靠服务、靠办实事、靠勤、靠廉,群众才能信任你,你自己才有亲和力。古人训导"公生明,廉生威""其身正,不令而行",作为村干部,把握着前进的方向和发展的节奏,能否树立正气,事关一个村的稳定与发展。要在一个团队树立正气,必须做到以下几个方面:一是要敢于喊响"向我看齐",做到正人先正己,这是当好村干部、服务群众的重要条件;二是无论任何职何地,都要以党的事业为重,以富一方百姓为己任,艰苦创业,这样才能业有所成;三是要保持高度的警觉,与人不能有亲疏之分,如果拉帮结派,必然助长不正之风,要以事业看人,以人品看人,以实绩看人,平时要做学习、团结、廉洁、务实的表率,处处以身作则,使"两委"班子同心协力,分工不分家,补台不拆台,确保一个声音喊到底;四是要端正思想品行,将人格力量融入新农村建设中,起到无形的感召作用,不怨天尤人,吃得了苦,吃得了亏,树立战胜困难、开拓进取的勇气和信心,始终保持奋发有为的精神状态和昂扬向上的精神面貌。只要我们带着责任、带着感情去工作,就会鼓舞干部群众的士气,凝聚全村男女老少的人心,点燃起大家的信念之火和希望之光,就会从容面对困难,把压力变成动力,形成万众一心、迎难而上促发展的态势,引领农村群众走富民强村之路。

第三节　农村群众工作方法与技巧

现在的一些农村基层干部,为群众服务的意识还不够强,习惯于高高在上。而不深入基层接触群众,干群关系往往成了"油水关系""蛙水关系",浮在上面沉不下去,或者跳下去又马上回来,群众办事不方便,仍然存在着"门难进、脸难看、事难办"的现象,不注意发现和总结群众的经验,把群众意见置之脑外,想问题、做决策脱离群众,盲目行事,给群众造成了损失。

有的干部到基层只是走马观花、蜻蜓点水,做给群众看;有的干部对上级的工作部署不结合实际贯彻落实,而是采取形式应付,以会议传达会议,用文件贯彻文件;有的干部为了应付上级检查,平时不努力,临时抱佛脚;也有的干部为了自己的利益,不顾群众的实际,大搞一些"政绩工程""面子工程","背靠群众、面向领导",求得一时的满意。

实际上,农村群众工作是一项政治性、思想性、政策性很强的工作,它既是一门科学,又是一门艺术,要做好新形势下的农村群众工作,就要解决思想方法和工作方法的问题,要认真研究新时期农村群众工作的新变化和新特点,在实践中不断总结经验,探索创新农村群众工作的新机制、新方法,不断增强农村群众工作的实效性和针对性。

一、正确认识和把握村情农情

由于我国农村社会的变化性和多样性,要做好群众工作,首先要从研究、理解和把握村情开始,如果不能准确认识村情,再好的方法和感情都不会有好的效果。我国农村发展的基本情况是:40多年前,改革开放发端于农村,以农村的改革和发展推动城市改革,又以城市的改革和发展支持农村,走出了一条有中国特色的现代化建设之路。目前,需要从全局的高度,坚持统筹城乡经济社会发展的方略,实行工业反哺农业、城市支持农村的方针,解决新的发展阶段下的"三农"问题。针对目前情况而言,有的村干部虽然生活在农村,工作在农村,却很少到农民群众中去,甚至怕见群众,对群众想什么,做什么,有什么要求,有什么困难,胸中无数。作为新时代的农村干部,一定要做到知农情、讲农话、贴农心、干农活。

村情是具体的,意味着每个村都有自己的特点,不能盲目照搬别人的做法和经验,不能"削足适履",必须对症下药;村情又是变化的,会随时间、地点、人物和场景的变化而发生改变,这就需要村干部随时加强调查研究,随时观察,随时总结。有些基层干部经常说的一句话就是:我在这个地方摸爬滚打了几十年,对这里的山山水水、村村寨寨都熟悉得不得了。实际上这种熟悉可能只是对历史的熟悉,对现实和未来,没有谁是先天就熟悉的,只有不断地学习,才能认识和把握村情。

二、建立通畅的信息流动和民意表达机制

我国农民作为最庞大的社会群体,在利益表达方面的机会极其有限,通常情况下,农民在政策实施中处于被动的地位。在行政上,农民是受管辖的一方。在经济方面,农民就像一袋马铃薯无法形成集体实力。在就业方面,农民受到诸多束缚,缺乏足够的自由和权益进行流动。在公共服务方面,农民属于最终考虑的范畴,并且有些地方常常是遥不可及的。

农民在社会保障和国家福利方面一直处于被动地位,并未能充分掌握农村社会进步的主导权,也未能积极投身于农村社会进步的决策过程。这些问题的出现主要源于信息科技的传播不顺畅,以及农民利益表达机制的缺失。由于农民的利益表述方式存在漏洞,使他们的需要无法被准确地呈现出来,他们的合法权益遭到侵犯,同时也使得干部与公众的关系变得紧张,这些都对农村的社会稳定产生了负面效应,并妨碍了社会主义新型乡镇的有序发展。

由于群众反映问题的渠道与处理方式并未完全畅通,导致基层应该解决也可以解决的问题未能被迅速处理并认真对待,从而引发了上访事件。对上访者在投入巨资、精力后,不仅变成巨大的压力,也会干扰群众的日常工作与生活。随着频繁的信访案例的发生,对各级党委、政府的形象及群众形象带来负面的打击。在这些问题中主要的争议源头就是农民的合法权益未能被充分保护。只要农民利益表达机制顺畅,并采取有力的解决方案,那这些争议与冲突往往不会升级。然而,因农民利益表达机制的匮乏,以及部分基层干部的形式主义行为、严重的官僚主义,忽视农民的权益,一些领导甚至滥用职权、贪污腐败,侵犯农民的合法权益。这使农民把内心的不满和怨气发泄在领导身上,造成干群关系的紧张。当农民无法通过合理且有效的方式来表达他们的利益主张时,可能会选择非规范和非常规的方式来表达他们的利益需求,这可能会加剧社会冲突破坏社会的和谐。有学者认为一个和谐的社会并不意味着没有利益冲突。一个社会应具备处理和缓解利益矛盾的能力,以便在这个过程中保持利益的基本平衡。如果不能妥善处理利益的表达机制问题,将对新农村的建设进度产生负面影响。

三、尽可能公平公正地协调各种利益关系

"天地之间有杆秤,秤砣就是老百姓""干部有问题,群众就会出难题",村

干部要想赢得群众的尊重和支持,对所有村民必须一视同仁,处理事情必须使用一把"尺子",坚持一个标准。

基层干部如何做到公平公正? 一是要学会"摆位置"。村干部要在工作指导上多做文章,切不可当发号施令的领导,尤其是针对村民文化程度不高的实际,村干部应该在制定发展规划、学习政策法规等方面多做指导工作,要主动当好参谋,想办法,出点子,帮助基层出好主意,协助决策,但不能随便进行表态决策,要主动承担责任,及时为他们排忧解难,但又不能当"老好人",引起村民的反感。

二是处理各种矛盾纠纷要学会"弹钢琴"。由于现阶段社会处于转型期,村民与干部、村民与村民之间各种纠纷较多,面对错综复杂的各种矛盾,作为基层干部既不要消极回避,也不要惊慌失措,而要认真对待,根据不同情况,灵活区别处理。一般说来,可以主观预见的矛盾纠纷,应尽早尽可能给予法律、政策方面的咨询和指导,争取把它消灭在萌芽状态;对于突发的群体性矛盾纠纷,要协同村干部合力解决,防止事态蔓延;而对于邻里纠纷、家庭不和等具体问题,村干部尽量平等解决问题,对于各种不同性格的矛盾主体也要灵活对待,老实本分的村民要以理服人,脾气粗暴的村民要"冷处理",什么道理都说不通的无赖就要发挥法律的威慑作用。

三是解决具体实际问题要学会"借外力"。目前,农村发展中需要解决的问题很多,这些问题靠村干部单枪匹马、孤军奋战是难以解决的,因此,必须"巧借外力",综合运用各种资源。首先,要紧紧依靠当地乡镇党委、政府,村干部通过自身努力可以解决的问题要立足在本村内及时解决,涉及基层组织建设、民主管理等敏感问题,靠自身努力容易引起内部矛盾的,要及时向乡镇党委、政府汇报思想,提出合理化建议,配合乡镇开展好工作;其次,要争取新农村建设指导员、大学生"村官"和村民的支持,支持力度越大,就越能得到村民的信任,工作也越好开展。

四是要尽可能地公开处理过程。因为公平和公正的问题,不同的人站在不同的角度都有自己的利益、理解和价值判断,从一定程度上来说,世界上没有绝对的公平和公正,而如果尽可能地公开处理的过程,实际上是求得各方利益相关者互相理解、谅解和达成一致的过程,尽管最后的处理结果可能是不公平的,但人们均了解处理的过程和背后的原因,猜疑和误会就会减少,人们就会有一种"公平"的体会和感受,

四、村民自治

村民自治是增强农民政治参与的主要方式,尽管现在已经有了法律法规的指导,但是与实际需求还有很大的差距。例如《村民委员会组织法》自1998年起施行,为村民自治提供了法律保障,并对农村的"三个文明"建设起到一定的促进作用,但在实施过程中,还是存在一些不可忽视的问题,这些问题都影响应有功能作用。例如,对于村民选举委员会的推选程序、委员会成员的罢免程序、村级重大事务民主决策程序以及村民代表会议的议事流程等这些具体步骤需要创新。例如,党组织与村委会联席会议制度、村级的民主治理制度以及村务公开制度。针对如财政透明、农户自治条例和农户协议等相应的体系必须不断进行改进。同时,也面临着实施上的挑战,如部分地区的一些制度执行效果并不理想,或者只是敷衍了事,或者只是走过场。因此必须通过创新、完善和落实制度,来确保农民"四个民主"的实现,使村民自治真正转变为农民有序参与政治的主要路径。构建并优化维权组织,以及对农民参与决策的机制进行规范。为了保障农民的合法权益,以及确保农民的利益得到有效的表述,必须建立属于农民自己的组织。然而,由于有些农民的文化素养和法律意识相对较弱,行动目的和手段可能存在一定的盲从;有些人滥用职权从事违法的行为;同时无法避免各方对于各种事务的观点产生分歧,需要接受各种观点的差异。例如,新型农业乡镇作为农民的居住地,农民的发言权、参与权必须受到尊重并予以维护。党和政府需要实施干部联系群众制度,通过设立意见箱、与农民代表进行交谈等方式,可以经常获取农民的意见,倾听农民呼声,关注农民的利益。必须营造一个公平的公众意见表达场所,使农民有机会真实并自由地阐述关于新型农村发展的见解与思考。此外,还需要建立并执行群众的意见反馈制度及执行机制,从而确保能够体现出对于农民权益的重视。应当尊重并保障农民的决策权,增强农民的利益表达的实效性,以推动农民的健康发展。

五、注意解决群众的实际困难

必须始终坚持正确的思想方法和工作方式,以保障广大人民的利益,并致力于解决人民群众的实际问题。要不断提升各级领导干部的政治责任感和使命感,这并非一句空洞的口号或者虚无缥缈的理念,而是具有实质性的内涵。

目前需要在以下几个方面进行付出努力：

一是需要保持细致入微的态度，才能深入洞察事物的真实性、判断事情的正确性和错误性。只有用心去理解人民疾苦才能明白每一个特定的冲突和争端的起因和结果，识别出冲突双方的对错，要深入了解民众的感受和需求，深刻理解人民的困扰和痛苦，要掌握真实的情况，获取第一手的信息，没有细心观察就无法做到。唯有进行深入的研究，并对各项优缺点进行多次评估才能做出适应农民利益、使得最普遍的公众成为改革的受益者的正确决策。二是必须保持真诚，人民的眼睛是明亮的。对人民的真诚和诚意不能忽视，形式主义和表面文章是不可取的。需要深深地信任人民，依赖人民，真诚地帮助人民解决困扰和问题，这不仅仅是一个情感上的问题，更是一个立场上的问题。唯有全心全意，才能保持一贯的原则。必须以纯真的心态去对待人民，真诚地投入情感，将他们视为亲人、朋友，才能真正地为他们做实事、做好事。如果真心实意地为群众做一些事，与人民群众的关系就会变得更加紧密，感情也会更深厚。在工作中遇到冲突或者出现一些错误和问题，也会得到群众的理解和宽恕，从而避免了争端的升级，避免矛盾的激化。三是必须坚持公平正义，公正与廉洁共生，威信源自公正，只有公正的判断力才能赢得大众的信任，才能帮助人民解决真实的困扰和问题，处理人民之间的冲突。所有的领导干部必须保持公平、公正、清廉的形象。四是坚持不懈是非常重要的，像滴水一样永不停息。由于各种因素一些人民内部矛盾变得复杂且不易解决和处理。针对这些频繁发生的冲突需要保持冷静，寻找其根源，然后根据具体情况制定应对策略不断调整，以期达到问题的最终解决。

为人民群众解决实际困难与问题是一项持续不断的过程。当某个领域的挑战与问题被克服，另一方面的困难和问题又会凸显出来，作为基层的管理者应该积极寻找并创设有利的环境，以便尽可能地处理这些问题。应该全身心地为基层公众提供更多的实际帮助、提供更多的优质服务，在满足公众的教育、工作、社会保险、健康、居住等基础需求上付诸行动，尽可能地帮助他们解决困扰。领导干部应将自己视为人民的贴心工作者，将解决人民群众实际困难和问题作为一项基本职责，保持谦逊、坚韧不拔的态度，并致力于增强为人民群众解决实际困难与问题的能力与素质。

六、表扬和激励正面典型

选树典型是基层干部重要的领导方法，更是一门艺术。村干部在农村发展中要学会运用这种方法,掌握这门艺术,推动基层工作。选树典型的意义在于让典型发挥示范作用,为群众树立一个学习的榜样,这就要求在选树典型时,一定要认真分析、准确把握典型的导向作用。科学选树先进典型,既是一种工作思路,体现着对群众的引导策略,也是一种工作方法,更加充分地凝聚人心,鼓舞斗志,促进各项工作的有序开展。典型引路的方法,能够把一般号召与个别指导结合起来,把领导的工作意图、政策要求具体化、形象化,从而提高工作的针对性、指导性和实效性。典型引路的方法,从哲学意义上讲,就是从个别到一般、再从一般到个别,是推动工作不断深化的方法。领导干部必须善于在个别中发现一般,在特殊中发现普遍,在典型身上发掘出体现时代精神、先进思想和党的政策的闪光点,然后再用一般指导个别,把普遍推广到特殊,即通过典型,把党的路线、方针、政策交给群众,把先进的思想观念和道德风尚转化为激励广大群众奋发进取的精神武器。

选树先进典型的基本方法是:

(一)统筹兼顾,突出时代性

典型是时代精神的体现。新时期,老典型要有新发展,对老典型也要不断培养和扶植,新典型也并非对老典型的全盘否定,而是在继承中有所发展,在克服中有所保留,主流精神是不变的。所以,在选树典型时,不要奢望去培养典型的"常青树",而是只要时代需要,符合党的先进性的要求,有成熟的典型就要坚决树立。

(二)以人为本,坚持群众性

先进典型来自广大党员和群众,既有人民群众的一般特征,又有自己突出的先进事迹。因此,在选树典型时,一定要深入基层,广泛调查研究,挖掘具有特殊意义、群众公认的典型,同时,对典型事迹进行周密调查,挖掘出典型事迹中所具有的对人们有强烈号召力、感染力的闪光点。这些事迹越平凡、越真实、离群众越近,就越感人,在广大干部群众的心目中就越伟大、越高尚,留下的印象就越深刻。

第八章　农村精神文明和思想道德建设

第一节　农村精神文明建设状况

建设社会主义新农村是我国现代化进程中的重大历史任务，是一个庞大而复杂的系统工程，它涵盖了物质文明、政治文明、社会文明和精神文明建设等方方面面，这就要求，必须以习近平新时代中国特色社会主义思想为指导，在促进农村经济发展、政治民主、社会和谐的同时，要把农村精神文明建设放到更为重要的地位，全方位地推动社会主义新农村与和谐社会的构建，本节重点在于考察当前农村精神文明建设的状况，说明农村精神文明建设的意义、目标、原则、成绩和问题以及产生问题的原因。

一、农村精神文明建设的意义

当前加强农村精神文明建设是我国社会主义精神文明建设的内在要求，也是社会主义新农村建设不可忽视的重要方面，具有极其重要的地位。加强农村精神文明建设，对于加快农村各项改革、推进农村民主政治建设、加快农村经济社会发展、保障农村社会秩序稳定具有非常重要的作用。所以，我们一定要站在建设社会主义新农村的战略高度，充分认识加强农村精神文明建设的重要性、紧迫性和重大意义。

（一）全面建成小康和农业现代化战略目标、构建农村和谐社会，需要不断加强农村精神文明建设

农民脱贫致富不仅体现在物质生活上，也要体现在精神生活上，因此小康社会不仅包括物质文明和政治文明两个方面，也必然包括精神文明方面。全面建成小康社会，构建社会主义新农村，实现农业现代化，必然要求物质文明、政治文明和精神文明协调发展、齐头并进，特别是在当前和今后一个时期内，大力加强精神文明建设的力度，充分发挥精神文明建设在建设社会主义新农

村这一宏伟战略目标中的精神动力和智力支持的积极作用,是重要的工作和历史性任务。

(二)加强党的基层组织建设、巩固基层政权,需要不断加强新农村精神文明建设

"加强农村党组织和基层政权建设,健全党组织领导的充满活力的村民自治机制"是建设社会主义新农村的重要工作。搞好基层党组织和政权建设是加强农村精神文明建设的关键。加强对基层党组织的思想建设、组织建设和作风建设,提高广大党员的思想政治素质,造就一支坚强有力的农村基层党员干部队伍,充分发挥他们在建设社会主义新农村中的领导和表率作用是农村精神文明建设的重要落脚点。这既是农村精神文明必须具备的强有力的组织基础,也同时是农村精神文明建设十分重要的目标之一。

(三)改变农村思想道德方面落后的现状需要不断加强农村精神文明建设

自改革开放以来,我国农村社会发生了翻天覆地的变化。在经济发生重大变革的同时,广大农民思想不断解放,观念也不断更新,民主意识、经济意识和法制意识不断增强,生活方式和精神状态都发生了显著的改变,爱国主义、集体主义、社会主义的主旋律在整个农村的思想领域占据着主导地位。然而,在取得成绩的同时,当今农村精神文明建设仍存在着封建迷信、聚众赌博、邪教传播、乡风恶化和村容不整等诸多不良习俗和丑恶现象,这些问题都与社会主义新农村建设是根本相悖的。所以,清除农村社会现存的各种落后与丑陋的文化现象,彻底清除农村思想与道德方面的问题,需要不断加强农村社会精神文明建设。

二、农村精神文明建设的功能

改革开放 40 多年以来,我们党和国家始终把农村精神文明建设作为农村社区建设的一项重要工作来抓,使其在促进农村经济社会发展中发挥了极为重要的作用。社会经济的持续稳定增长,公共社会生活的有序,公众思想的稳定与和谐,社会经济与环境的协调发展,无不说明着精神文明建设的重要性和作用。

（一）农村精神文明建设具有规范功能

随着农村精神文明建设的开展和深化，原有的并非正规的、临时性的、松散型的组织结构和规范，转向正规的、固定的、紧密的组织结构和规范，但在这种转向与具体建设的过程中常常会出现一些越轨行为。精神文明建设的规范功能就是对农村农民的行为产生一定的约束作用，使其日常行为成为一种可被约束的自律行为。这种规范功能所涵盖的约束范围是法律约束所难以达到和不可替代的，对于塑造农民的高尚人格，培养和造就"四有"新型农民具有极为重要的意义。

（二）农村精神文明建设具有教育功能

精神文明建设的重点在于培养农民高尚的道德情操、优秀的社会公德、积极的进取精神和良好的思想品质，根本目的着眼于教育，并不是为了娱乐而娱乐。在农村精神文明建设过程中，要注意形式多样化，可以通过演出、评比、宣传画、讲座和展览等多种群众喜闻乐见的形式，宣传党和政府的方针政策，传授科学文化知识，让广大农民在欢乐愉快的精神享受中，在种种文化活动中，净化心灵，接受教育，不断更新观念。这不仅有利于提高农民生产生活质量，加强和促进农村的安定团结，进一步丰富农民的文化生活，而且更对增强法治观念和现代意识，提高广大农民的思想道德素质和科学文化素质，培养新的社会风尚具有重要意义。

（三）农村精神文明建设具有整合功能

精神文明建设在倡导社会主义世界观、价值观、人生观和审美观过程中，缓冲与解决了一定的社会矛盾和社会冲突，强化了农村社区精神，促进了农民的思想和行为趋于一致。同时，广大农民在精神文明建设过程中，通过自我娱乐和自我教育、自我创作和自我表演，不仅可以满足日益增长的物质和文化生活的需要，更能巩固和发展农村新型的、和睦的人际关系，并且通过参与活动增加彼此之间的归属感和认同感，不断增强农村社会发展的凝聚力和整合力。农村精神文明建设的实践表明，农村精神文明建设是实现农村社区整合和增强农村社会凝聚力的重要举措。

（四）农村精神文明建设具有管理功能

农村社会稳定与发展离不开高效的农村社区管理及农村基层政权的建设。农村精神文明建设的大力开展，既有利于确定农村基层政权建设工作的职能和重点，又有利于发挥农村基层政权组织的管理和协调职能。当前，我国广大农村正在广泛开展创建"文明户"和"文明乡镇"的竞赛活动，而精神文明建设则是完善社区服务、发展社区文化和教育、强化社区管理等有机地结合在一起的。所以说，农村精神文明建设是加强农村社区管理、推动农村基层政权建设工作有效开展的关键要素。

（五）农村精神文明建设具有沟通功能

在现代社会中，随着经济的进步，社会分工日益细化，人与人之间的交往也变得更加间接。在这种背景下，农村的田园牧歌式生活方式和熟人社会正逐渐消失。农村人际关系变得越来越疏远。然而，正是这种时候，群体性精神文明建设活动变得尤为重要，因为它能吸引农民积极参与，营造一个和谐的交流氛围。这些活动可以增强农民之间的相互理解，加强人与人、人与社区以及社区与社区之间的联系。通过参与这些活动，农民们可以更加积极地投身于农村社区的精神文明建设，争创文明乡村和文明户。因此，精神文明建设活动成为农村居民之间以及农村各基层组织之间建立联系，沟通、了解和增进感情的重要桥梁。

三、农村精神文明建设的成绩

改革开放以来，在农村经济不断发展的同时，农村精神文明建设水平也相应得到了较大提高。特别是新世纪以来，党和政府重视"三农"工作，努力推进社会主义新农村建设，采取了多项措施，积极做好农村精神文明建设工作。

（一）推进农村精神文明建设的主要措施

第一，不断加强对农民的培训和教育。针对广大农民的培训和教育分为多个方面，首先是要加强党和国家的路线、方针与政策的宣传教育，加大社会主义荣辱观的宣传和教育，加强培养广大农民的爱国情操、集体主义观念和社会主义共同理想；其次是科技教育，深入开展"科技、文化、卫生"下乡活动，加强农业科技和信息的普及教育,不断提高农民在农业生产中的技能,做好种植、养殖等方面的宣传和教育;再次是根据农民进城务工的需要,对进城务工的农民进行技能培训。

第二,不断加强农村九年制义务教育工作。近几年来,政府把发展农村义务教育作为教育工作的重中之重,不断加大农村教育投入,农村社会义务教育的普及率得到了明显提高,农村义务教育的负担急剧减轻。

第三,不断开展群众性精神文明创建活动。大力开展群众性精神文明创建活动,能够让农民切身感受精神文明建设是由各种喜闻乐见的活动组成的,不断提高他们参与精神文明建设的积极性。

第四,不断加大农村精神文明基础设施建设的力度。加大对如农村文化大院、农村书屋等基础设施的建设,是各级党委和政府推进社会主义新农村建设和农村精神文明建设的重要内容。

(二)农村精神文明建设取得了积极的成果

第一,农民群众性精神文化生活日益丰富。随着社会主义新农村精神文明建设工作的开展,不断丰富广大农民的精神文化生活,满足农民在精神文化方面的需求已经成为各地社会主义新农村建设的重要工作,并已经取得了显著的成效。在各地新农村建设试点中,农民文化活动设施建设已经逐步展开,各种丰富农民文化生活的措施正在不断出台和付诸实践,"文化大院"的形式就是其中的一个很好的尝试。"文化大院"一般是一个集思想教育、文化娱乐、科技普及和信息传递一体的综合性的文化活动场所,一般拥有综合活动室、图书阅览室、广播室和文体广场等文化基础设施,可以组织文艺演出队和体育健身队等群众文化活动队伍。可以说,"文化大院"等文化活动的经常性开展,大大丰富了当地农民的精神文化生活。

第二,随着社会的发展,农民的思想观念、道德水平和科学文化素质都在不断提高。在新农村建设的推动下,农村精神文明建设活动广泛开展,农民的思想观念发生了显著变化。尽管有民工回流潮,但农民工进城务工的人数仍在增加,他们努力工作,追求更美好的生活,已经成为农村的一种新风尚。同时,那些从城市返回农村的务工人员,将城市的新思想和新观念带回家乡,给传统的农民思想观念带来了巨大冲击。农村科普教育、科技培训和乡村文明创建活动的广泛开展,进一步提升了农民的思想道德和科学文化素质。农村九年制义务教育的实施,为农民思想道德和科学文化素质的提高奠定了坚实的基础。如今,广大农民不再满足于安逸的生活,他们摒弃了"日出而作,日入而息"的传统生活方式,追求更高品质的生活。

第三,农村的村容与村貌有了很大的改观。在新农村建设过程中,很多地方实施农村城镇化的政策举措,事先统一规划,动员农民群众兴建住宅小区,让广大农民搬进了新房。广大农民还用上了自来水、冲水厕所和太阳能热水器等。现在,农村正在不断改变旧有面貌,乡村的道路变宽了,村庄环境卫生了,村容村貌整洁了,一个健康向上、环境美好、到处充满生机的崭新的农村形象正在人们面前展现出来。

第四,农民健康文明的生活习惯逐渐养成。随着新农村精神文明建设过程中对文明生活方式的宣传力度加大,以及众多青年农民进城务工,一些城里的健康文明的生活习惯和方式也影响了他们,而当他们回村后,能够带领广大农民群众养成良好的生活习惯,起到很好的带头作用,比如节约等良好的生活习惯也在农村不断养成,去除了因好面子铺张浪费的旧习气。很多条件较好的农村,农民还上起了网,在网上学习和求知,浏览国家大事、农产品市场信息和科技知识,这些都从某种程度上折射出农民健康文明的生活习惯正在广大农村兴起。

四、当前农村精神文明建设存在的问题和原因分析

社会主义新农村精神文明建设在取得上述成果的同时,我们也应看到当前农村的精神文明建设依然存在着一些突出问题。

(一)农村精神文明建设存在的突出问题

1.农村教育资源匮乏,留守儿童教育等问题表现突出

当前,随着大部分农村青壮年劳动力向城市转移,而又很难定居在城市,形成了季候性的迁移,也导致农村的儿童、妇女和老人留守在农村,很多儿童被托付给祖父母(外祖父母)等老年人抚养。由于他们大都文化素质较低,留守儿童的教育存在一定的真空,部分留守儿童因缺少必要的教育与监护,养成了一些不良的生活恶习,有的甚至做出了一些违法犯罪的事。同时,"读书无用论"不断蔓延,因为受长辈外出打工赚钱的影响,不少农村儿童认为读书不如出去挣钱,所以在农村中小学中辍学现象时有发生。农村儿童教育的缺乏,

对于社会主义新农村建设和农村社会经济的长久发展带来不利的影响,这从根本上来说不符合社会主义精神文明建设的内在要求。

2. 农村精神文明建设投入严重不足,农村文化基础设施建设较为落后

当前政府和社会对农村文化设施的投入还远远不能满足农村农民的文化生活需求,比如农村图书馆、阅览室、活动室和体育场等文化设施非常少,大部分农村农民缺少文化休闲场所,无法享受应有的集体文化生活。文化生活贫乏而单调,即便是有些地方,有文化馆、文化站、广播站,但往往由于面积狭小,活动器材和设备缺乏,设施陈旧落后,年久失修,服务能力严重弱化,根本无法开展起相应的文化活动,一些农村地区,甚至还存在文化阵地和文化从业人员没有设置和没有岗位的情况。

3. 农村封建迷信和陈规陋习等现象依然存在,问题较为突出

一些农民求神拜鬼、问卜算卦、信奉迷信的现象依然存在;一些地方农村出现"修碑砌坟"和"薄养厚葬"的恶劣现象;还有一些地方婚丧嫁娶大操大办现象格外严重,甚至连过生日、子女考取大学、盖新房和搬家等都要请客收礼;很多地方的农民在闲暇时间生活非常单调,把大多数时间耗费在打牌赌博上。

4. 农民在农村精神文明建设中的参与率低,积极性不高

随着党和政府不断加大对"三农"的支持力度,农村社会改革正在步步深入,农民对农村改革的信心不断增强。但是,从实际情况来看,农村农民对农村精神文明建设参与的积极性不高,很多农民头脑中的新农村建设就是盖新房和住新居,对精神文明建设的没有什么认识,也没有什么投入,很多农民都处于为生计奔波忙碌的阶段,无暇投入到精神文明的创建活动中。

(二)农村精神文明建设存在问题的原因分析

第一,对于农村工作思想认识上的偏差,导致对农村精神文明建设的认识不够。在各项工作中,思想认识是一切工作的行动指南,改革开放以来,我们党一直十分重视农村社会发展,积极采取了一系列政策措施促进农村经济发展,同时,对农村社会主义精神文明建设也给予了高度重视,坚持两手抓,两手都要硬。但长期以来一直把农村经济工作当作是硬任务和硬指标,所以不少基层干部对做好当前农村精神文明建设的重要性缺乏正确的认识,没有紧迫感和危机感,对做好农村精神文明建设不够重视,出现了一手硬、一手软的现实问题。

第二，改革开放中，某些社会负面的影响，冲击了农村精神文明建设。改革开放以来，广大农民原有的传统封闭的思维模式被打破，但是，新的思维模式并没有得到正确科学理论的指导，并没有真正确立，尤其是对外开放中的负面文化也流入农村，而广大农民又缺乏辨别力，导致这些精神垃圾严重腐蚀了农村青年的精神，对农村精神文明建设产生了巨大冲击。另外，部分农村基层组织的风气和社会风气不正，加上一些党员干部本身的素质差，严重损害了党和政府在农民心目中的形象，也对农村精神文明建设造成了巨大冲击。

第三，负责农村精神文明的干部队伍建设不足，功能弱化，严重削弱了农村精神文明建设。由于一直强调经济增长，长期以来，农村基层干部都把工作重心放在经济发展上，并投入了大量的人、财、物和精力，在干部的任用上，也向经济工作倾斜，抓经济建设的待遇高，晋升提拔也快，并对这些干部加强培训和指导。相反，抓精神文明建设的干部则是形同虚设，低人一等，手中无实权，提拔机会很少，缺少专门培训和指导，因此导致了农村精神文明建设的干部力量严重不足，严重削弱了农村精神文明建设的功能。

第四，农村精神文明建设的基础比较薄弱，情况较为复杂，工作开展的困难性大。首先，虽然经过40多年改革开放，农村还是相对落后，相当一部分农村对外界新鲜事物容易产生排斥心理，思想比较落后和保守；其次，农村教育水平低，科学文化素质普遍较低，同时一部分青年农民的思想道德素质出现了不同程度的滑坡，集体观念淡化和道德责任感有所下降，艰苦朴素和吃苦耐劳的精神不足，而享乐主义和利己主义得到滋长；再次，农民居住仍然相对分散，流动性很强，劳动生产不够集中，不利于农村精神文明建设的开展；最后，小农意识依然严重，不能适应市场需求，在遇到挫折后往往产生消极态度，而不是积极面对市场竞争。

第五，农村精神文明建设的设施和经费投入严重不足，精神文明建设发展缓慢。农村精神文明建设是一项艰巨的工程，只有一定的投入，才可能取得良好的成果。大部分农村与城市相比还十分落后，农村文化设施和活动场所严重缺乏，队伍涣散，投入严重不足，甚至一些原本已建设起来的文化设施和活动场所，由于没有足够的资金来支撑，也不能得到很好的维护和管理，往往形同虚设，这无疑阻碍了农村精神文明建设的正常开展和良好运行。

第二节　加强"四德"教育

加强农村精神文明建设的要义在于建设新农村和谐文化,其关键点在于加强"四德"教育,本节论述农村和谐文化建设的内涵和举措,说明加强"四德"教育的内容和应该注意的问题。

一、农村和谐文化的内涵

农村和谐文化是社会主义文化的和谐性与先进性的有机结合,是能够真正促进和实现农村人与人、人与自然和人与社会协调发展并和谐相处的精神力量和最终成果。可以说农村和谐文化是农村物质文化和精神文化的有机统一与和谐发展,是民族性与世界性、乡土性与时代性的有机统一。

(一)农村和谐文化是农村物质文化与精神文化的统一

农村物质文化是指农民改造自然界以满足自身物质需要为主的那部分文化产物,包括生产工具、工艺技术文化、生态文化、农艺景观等等。农村精神文化包括农民的文化心理和社会意识诸形式,以及个人对社会事务的参与方式、人们的行为方式和社会经济制度、政治法律制度、礼仪制度、婚姻制度、家族制度等。农村物质文化是农村和谐文化的基础,农村精神文化对农村物质文化的发展具有反作用。构建农村和谐文化,就是要做到农村物质文化和精神文化的有机统一与和谐发展。

(二)农村和谐文化是世界性与民族性的统一

农村和谐文化是传统民族文化的发展和创新,是民族特性和世界性的完美结合。在构建农村和谐文化的过程中,既要充分吸收世界上其他民族的优秀文化,又要高度重视农村文化的民族特性。我们要认识到,民族性和世界性并不矛盾,恰恰相反,越具有民族特色的文化,越能获得世界的认可,同时,越具有世界性的文化,也越能彰显民族的独特魅力。因此应当开放心态,让我国农村文化走向世界,积极与世界文化交流和融合,通过文化的碰撞,实现共同发展。同时要坚定地保持农村文化的民族特性,这样才能使我国农村的优秀传统文化得以传承和发扬光大。

（三）农村和谐文化是时代性与乡土性的统一

农村文化不能自我封闭、停滞发展，要不断地跟上时代步伐，并面向未来，适应新形势需要。农村文化的时代性也就是指农村文化要面向未来，紧跟时代发展。相对于城市文化而言，农村文化具有乡土特性，具有农村社会生活的特点，比城市文化具有更为浓郁的乡土气息。在农村和谐文化建设中，只有把乡土性与时代性有机统一起来，才能实现农村经济与社会和谐发展的功能，也只有把乡土性和时代性有机结合起来，才会既适应世界潮流和时代进步，面向未来，又能适合我国农村实际特点，推动我国农村经济和社会和谐发展。

（四）农村和谐文化是和谐性与先进性的有机统一

当前，农村文化建设的和谐性重在强调促进农村现代化建设事业各方面和谐发展的功用和价值。这就是说，农村和谐文化要有利于促进农村政治、经济、文化的和谐发展，要有利于促进农村改革、稳定和发展，要有利于促进农村物质文明、政治文明和精神文明的相互协调发展，要有利于农村人与人、人与自然和人与社会的和谐相处。农村和谐文化的先进性是指我们要大力发展农村文化，加快经济与社会发展速度，促进农村文化与农村经济协调发展，缩小农村与城市文化之间的差距，实现农村文化与城市文化的共同发展。和谐性与先进性是有机统一的，农村文化的和谐性是先进性的体现与归宿，而农村文化的先进性最终落实在和谐性的目标上。当前，在我国农村的新形势下，农村和谐文化的建设，既要强调农村文化的先进性，又要不断适应构建农村和谐社会的需要，实现农村文化的和谐性目标。

二、建设农村和谐文化的举措

农村和谐文化是社会主义新农村建设的重要内容。建设农村和谐文化，是推进新农村和谐发展的必然要求。在农村，必须以和谐文化引导新农村文化，群策群力，为构建社会主义新农村提供可靠的政治保障、经济条件和文化基础，因此，为建设农村社会主义和谐文化必须采取以下举措：

（一）要发挥政府和社会等多方主体的力量，共同构建新农村和谐文化

1. 要注重发挥各种社会力量

发展农村和谐文化，完善农村文化作为公共产品的供应机制。农村文化是一种社会公共产品，可以由政府来提供，也可以发挥各种社会力量的作用共同提供。广大农村经济社会发展水平相对落后，农村文化建设的任务更加繁重，需要投入更多，更需要走充分发挥社会力量办好农村文化的路子。充分发挥社会力量，特别是借助于非公有制经济发达和民间资金充裕的优势，坚持无禁止则准入的原则，创造有利于社会力量参与农村文化建设的宽松政策环境，积极推动各种社会力量通过社会投资、民间集资和个人捐助等形式参与农村文化建设。

2. 要注重发挥政府主导作用

稳步推动新农村和谐文化建设。政府要统筹农村公共文化事业的服务机制、机构、队伍和设施建设，建立农村文化建设和发展的长效机制。要采取有力措施，解决农村文化建设中出现的突出问题，特别要解决一直困扰农村文化建设顺利开展的设施和经费问题。要不断加大对农村文化建设的投入，每年应从政府财政划拨专项资金用于农村文化事业发展并纳入预算，保障乡镇文化站和村文化室的正常运营。要特别重视乡镇文化站建设，同时不断推进服务对象的扩展和服务层面的延伸，最终建立和完善村级文化俱乐部，让农民能够在家门口享受文化。

3. 要注重发挥广大农民的主体创造性作用

农民是农村和谐文化建设的根本主体。农村的和谐文化是农民的和谐文化，可以说农村的文化建设最终和根本的服务对象是广大农民，其着力点是提高农民素质，不断引导广大农民解放思想，转变观念，与时代共进步。要紧密结合农村改革和建设的实际，用党的基本理论、基本路线和基本纲领对农民群众进行爱国主义、集体主义、社会主义教育，引导广大农民群众坚定不移地走中国特色社会主义道路。要利用农村开展的"双培双带"等有效载体，加大农村劳动力技能培训的力度，抓紧培养农村实用人才，同时也要采取有力措施，鼓励更多的优秀人才向农村流动，在社会主义新农村建设中奉献力量。

（二）要以和谐文化引导农村文化建设，服务社会主义新农村建设

第一，不断加强农村民主法制建设，培养农民的民主法制意识。建设农村和谐文化，必须不断加强社会主义民主法制建设，使农村社会能够依照既定的规则有序运行，实现社会的公平正义和持续稳定发展。要继续推进社会治安防控体系建设，深入开展"平安农村"创建活动，真正解决人民群众最关心和最为现实的切身利益问题，严厉依法打击各类违法和犯罪活动，高度重视农村矛盾与纠纷的排查和调解，坚持标本兼治，尽可能化解各种矛盾，避免影响农村社会稳定的事件发生。要加快建立和不断完善乡村法律普及体系，通过民主和法治典范村建设、送法下乡、开展法治文艺活动等多种形式进行宣传和教育，不断提高广大乡村基层党员干部和群众的知法和守法意识，解决农民法律意识淡薄和农村法制建设薄弱的现状。要建立和完善农村法律服务体系，做好农村法律服务，做好民主法制建设，为农村和谐文化建设创造出良好稳定的环境。

第二，要弘扬以爱国主义为核心的民族精神，建设社会主义核心价值体系。社会主义核心价值体系是建设社会主义新农村的根本内容，民族精神的核心是爱国主义，是中华民族继往开来、开拓进取的精神支柱。时代精神的核心是改革和创新，这是广大人民群众创造和进取的力量源泉。当前，我们要通过农村和谐文化建设，不断推进社会主义新农村建设，利用各类宣传媒体和舆论阵地，开展形式多样的活动，建设社会主义新农村的和谐文化，坚定不移地把社会主义核心价值体系真正地融入社会主义新农村建设中去。

第三，不断加强广大农民的思想道德建设，提高农民道德修养水平。要扎实开展农村群众性精神文明创建活动，在广大农村积极倡导爱国守法、明礼诚信、团结友善、勤俭自强和敬业奉献的基本道德规范，让广大农民能始终保持昂扬向上的精神状态。各个地方在建设新农村的实践中要密切联系实际，倡导诚实守信的良好风气，加强对广大农民群众进行科学的世界观、人生观和价值观的教育，努力形成广大农民切实践行社会主义荣辱观的良好局面。

三、加强"四德"教育的内容

大力弘扬爱国主义、集体主义、社会主义思想，以增强诚信意识为重点，加强社会公德、职业道德、家庭美德、个人品德建设,发挥道德模范榜样作用,引导人们自觉履行法定义务、社会责任、家庭责任。这对培育新的文明风尚,让人民的精神风貌更加昂扬向上,建设农村和谐文化,建设农村精神文明,具有重大的指导意义,真正做好农村和谐文化建设,就需要我们根据"四德"教育的基本内容,落实日常规范和行为。

(一)不断加强农村社会公德建设,提高广大农民素质

社会公德是维护社会秩序的基本规范,对所有人都有约束力。虽然农村在改革开放后发生了很大变化,但主要的社会关系仍然以血缘和地缘为基础形成相对独立的小集体。这些小集体主导着农民的日常生活。相对于城市社区,农村人群的交往范围较窄。因此,农村社会公德建设需要考虑农村社会的特殊性。首先,应提高农民的人本观念和文明意识,摒弃小集体观念,树立大局观和互助意识。农村农民应养成良好的生活习惯和文明习惯,互相尊重,平等团结,互相帮助。其次,要提高公民意识、国家意识、社会意识、法律意识,让农民自觉承担国家法律规定的义务,增强民族自尊心和责任感。同时,要树立社会意识,正确处理国家、集体和个人三者之间的关系。最后,要提高科学观念和科教兴国意识,教育农民反对封建迷信,崇尚科学,尊重人才和知识,重视教育,为实现科教兴农和科教兴国目标而努力。

(二)重视广大农民职业道德建设,规范农民职业行为

职业道德是在职业活动中,人们思想和行为应遵循的道德规范和行为准则。随着改革开放和市场化的深入进行,职业道德规范在农村也正在不断完善并发挥重要作用,同时,农民工在城市和乡镇应当根据行业和职业遵守相应的道德规范。对在农村劳动的农民来讲,广大的农民必须拥有以下职业道德的意识,首先是农业为本的观念、科学生产和爱岗敬业的意识,国民经济的根本基础是农业,没有农业的现代化,就没有整个国民经济的现代化,发展农业要从现代化的角度,看待和重视农业发展,积极采用新技术和新品种,提高农村农副产品的科技含量,通过科学技术的发展和应用,推动农业现代化。其次是市场经济观念与竞争意识,随着社会主义市场经济体制的建立和中国加入WTO,中国农民要抛弃传统的小农经济观念,大胆融入市场经济的大潮中,尊重经济规律,积极探索适应市场需要的农业发展之路,不固守传统的生产劳动

方式和经营方式,努力改变生产条件,发展农业生产。再次是劳动观念与合作意识,现代农民要树立正确的劳动态度,依靠劳动致富,注重团结协作,充分发挥农村各种民间组织的作用。

(三)不断推动农村家庭美德建设,营造农村和谐氛围

家庭美德是每个公民在家庭生活中应该遵循的伦理观念、道德意识和基本的行为准则。要重视农村家庭伦理道德建设,长幼有序、父慈子孝、兄友弟恭是我们优良的传统美德,男女平等、婚姻自由、夫妻互爱、勤俭持家是现代中国新的家庭美德,同时农村家庭要自觉遵守国家计划生育政策,优生优育,坚决根除遗弃女婴及残疾婴儿行为,对待子女不偏爱、不殴打或变相体罚,通过言传身教培养儿童积极向上和自立自强的品格和能力,增强开放交往观念与团体协调意识。家庭关系、亲朋关系和邻里关系构成了农村家庭在社会生活的主要社会网络,随着社会的不断发展和农村生活空间的扩大,农村家庭要积极摆脱宗族关系的束缚,以开放的观念和姿态,兼顾血缘关系、姻缘关系和邻里关系,加强沟通协调,正常交往,讲亲情,讲友情,互谅互让,互相帮助,互相关心,共同创造和谐融洽的社会主义新农村的氛围。

(四)要塑造完整个人,不断加强个人品德建设

加强广大农民个人品德建设,须多管齐下,首先要提高农民的道德认识,也就是说必须让农民了解和认识什么是善、什么是恶、什么是荣、什么是辱,树立一个明确的道德实践方向,其次要陶冶广大农民的道德情操,农民要有一种对善的执着追求,并在实践中形成稳固的道德情感,再次要锻炼农民的道德意识,要坚持善良和正义,抵制各种邪恶和私欲,最后要引导农民养成良好的道德行为习惯,要求人们对道德规范能够做到自觉遵守,个人品德才能不断提升。

第三节 以社会主义核心价值体系引领
农村精神文明建设

农村精神文明建设的关键在于农村和谐文化,重点是在广大乡村抓好"四德"教育,而这些都必须由社会主义核心价值体系引领,只有这样,我们才能把握农村精神文明建设的方向和实质,寻找到农村精神文明建设的正确路径。

一、社会主义核心价值体系的实质和内容

社会主义核心价值体系,是与社会主义基本制度和根本性质联系在一起的,它揭示了社会主义经济、政治、文化、社会的发展动力,反映了社会主义现代化富强、民主、文明、和谐的发展要求,因此,社会主义核心价值体系是一个层次清晰、结构严谨的有机整体。这个整体与中国特色社会主义紧密相连,中国特色社会主义,不仅是社会主义核心价值体系的基本内容之一,而且是整个社会主义核心价值体系的主题内容。在中国共产党的领导下,实现中华民族的伟大复兴,是全党全国各族人民共同的梦想,走中国特色社会主义道路,建设中国特色社会主义,是全党全国各族人民共同为之奋斗的事业。可以说,改革开放以来我们取得一切成绩和进步的根本原因就是:形成了中国特色社会主义理论体系,开辟了中国特色社会主义道路,中国特色社会主义,是当代中国发展进步的道路,也是号召全党全国各族人民团结奋斗的旗帜,中国特色社会主义核心价值体系,就是要围绕建设中国特色社会主义这个主题而展开,服务于中国特色社会主义道路的发展。

当代中国的民族精神和时代精神构成了社会主义核心价值体系的精髓。中国特色社会主义,既传承了中国文化传统,又符合中国国情,是中华民族精神和社会主义精神相融合的产物。以爱国主义为核心的团结统一、爱好和平、自强不息、勤劳勇敢等民族精神特质,凸显了中国特色社会主义的民族特性,深深地融入我们的民族意识、民族气质和民族品格之中。民族精神是随着时代不断发展的,它与时代精神紧密相连。在改革开放的过程中,我们形成了解放思想、艰苦创业、开拓创新、锐意改革的新的时代精神。时代精神以改革创新为核心,是中国特色社会主义现代化建设保持活力和生机的关键。在政治多极化、经济全球化和文化多样化的新世纪,我们应继续发扬时代精神和民族

精神,这是建设中国特色社会主义的精神支柱和力量源泉。

二、社会主义核心价值体系在农村精神文明建设中的意义

(一)社会主义核心价值体系树立了农村精神文明建设的共同理想

自改革开放以来,农村分田到户,实行家庭联产承包责任制,农户实现了自主经营,生产积极性得到了空前提高,生产力也得到了极大发展,农村各利益部门随之得到了调整,社会结构发生了深刻的变化,农民的思想观念也因此出现了深刻的变化,农民思想活动的独立性不断增强,选择性不断分化,差异性不断加大,但是,分散和自主经营的模式使得农村集体经济受到一定程度的削弱。在建设社会主义新农村的过程中,必须要用中国特色社会主义的共同理想来统一广大农民的思想,让农民在注重个体发展的同时也关注集体的协同与发展,只有如此,才能够增强广大农民团结和睦的精神纽带,铸成广大农民奋发向上的精神力量,为社会主义新农村建设提供源源不断的动力。中国特色社会主义共同理想是当代中国社会发展的客观需要,是对中国社会发展规律的正确认识,是广大人民群众共同利益的根本体现,从根本上来说是中国社会历史发展的客观事实在意识形态上的正确反映。农村精神文明建设要用中国特色社会主义共同理想为指导,长期不懈地抓好广大农民的引导和教育工作,不断强化农民群众对集体的认同感与归属感,让广大农民群众自觉地将个体的利益和发展与集体的发展和稳定紧密地联系在一起。

(二)社会主义核心价值体系提供了农村精神文明建设的强大精神动力

改革开放以来,农村经济社会的面貌发生了巨大的变化,农民的物质生活水平得到了显著提高,同时农民的娱乐文化生活也得到了多样化的发展,精神生活的水平和质量得到了极大的提高,已经彻底改变了"一亩地,一头牛,老婆孩子热炕头"的生产生活方式。但是,我们必须看到在农村精神文明建设方面,依然存在着一些严重的问题,农村农民集体观念依然比较淡薄,农民履行农村集体义务意识逐渐淡化,旧有文化传统的陈规和陋习依然普遍存在,农民小富即安,安于现状,没有真正走向市场和广大的社会。社会主义核心价值体

系能够为农村精神文明建设提供源源不断的精神动力,用社会主义核心价值体系改造农村传统文明,特别是加强基层干部教育、管理和帮助,让广大基层党员干部精神饱满,斗志昂扬,积极投身到社会主义新农村建设的伟大实践中。要着眼于提升广大农民的思想道德素质,发扬中华民族优良传统,努力建设与社会主义新农村相适应、与法律规范相协调、与中华民族传统美德相承接的社会主义思想道德体系,用以改革创新为核心的时代精神和以爱国主义为核心的民族精神修缮农村社会的精神家园,充实广大农民的精神生活,引领农村社会精神文化发展的方向。

(三)社会主义核心价值体系提供了社会主义新农村建设必需的伦理道德规范

社会主义荣辱观是社会主义核心价值体系的重要组成部分,是社会主义核心价值体系的基础和内在逻辑要求,是建设中国特色社会主义的基本道德规范。社会主义荣辱观是人们对生活和伦理的基本看法和态度,是世界观和价值观的重要组成部分。社会主义新农村建设不仅包括农村经济发展和农民物质生活水平的提高,还包括良好道德风尚的弘扬和新农民高素质形象的塑造。在社会主义新农村建设的过程中,要大力弘扬和实践社会主义道德观,净化农村社会空气,纯化人们心灵家园,惩恶扬善,形成和谐文明的良好社会风尚,为社会主义新农村建设的顺利开展营造稳定和谐的社会氛围。

(四)社会主义核心价值体系提供了农村精神文明建设的指导思想

伴随着改革开放的深入和社会主义市场经济的不断发展,广大农民的思想观念也随之发生了多样性的变化,各种错误思潮和不正确价值观念在农村传播开来,一些封建迷信和黄赌毒等恶习也在农村死灰复燃,不断蔓延,个别农村基层党员干部思想作风涣散,工作不负责任,对群众的疾苦不闻不问,贪污腐化。这些行为非常严重地损害了党和政府在群众中的威信和党的执政基础,面对农村精神文明建设过程中所出现的这些问题和不良现象,必须不断加强精神文明建设和社会主义核心价值观的教育。社会主义核心价值体系所确立的指导思想是一个社会或一个人的行动指南,我国社会主义新农村精神文明建设需要有其作为指导思想指明前进的方向。加强农村的精神文明建设和社会主义核心价值体系的教育,使广大农民能够辨别各种不正确思潮、思想和价值观念,自觉接受正确意识形态文化的教育,建设好广大农民的精神家园,为社会主义新农村建设奠定牢不可破的理论阵地和思想基础。

三、社会主义核心价值体系在农村精神文明建设中的路径

进行社会主义新农村精神文明建设,必须要以社会主义核心价值体系为指导,从农村社会的实际情况出发,着眼于农民的需求和需要,在广大农民群众广泛认可的基础上,积极寻找农村精神文明建设的路径。以社会主义核心价值体系为指导的农村精神文明建设要保证整个社会价值观念的科学和理性,保证农民群体的观念伴随着农村精神文明建设的推进不断更新,真正接上农村的地气,真正形成以社会主义核心价值体系为根本指导的农村精神文明建设。

(一)增强社会主义核心价值引导和教育的感染力和实效性,改善社会主义核心价值体系的表述方式

深入农村社会进行调查研究,我们发现,在农村的一些干部群众中,普遍存在着对社会主义核心价值体系的陌生感,不能深入了解社会主义核心价值体系的思想表述和深刻内涵。实际上,教条式的宣传和教育,让社会主义核心价值理论体系变成了农民群众可望而不可即的阳春白雪,因此让广大农民在理解和接受社会主义核心价值体系时出现了现实障碍。不少农民群众认为,理论化的语言与农村具体的日常生活距离太远,与广大农民的根本利益与实际需求有着巨大的隔离,往往只限于泛泛的表面宣传,与农民进行心理沟通和内容转化的机制欠缺。事实上,并非农民群众拒绝或不愿接受有价值的先进思想,而是难以接受刻板生硬、没有活力和形式单调的说教。如果我们能以鲜活生动的表达方式进行社会主义核心价值体系的宣传和引导,一定会受到农民群众的欢迎。因此,要根据农村和农民的实际经济状况和文化基础,立足于不同农民群体的不同心理需要和利益需求,运用形式生动的各种文化表达方式形象表达社会主义核心价值体系的具体内涵和实质,不断增强社会主义核心价值体系理论的吸引力和感染力,使社会主义核心价值体系真正顺利进入农民群众的日常生活和行为中。

（二）真正关切农民群众的利益需求，不断增强社会主义核心价值建设的时效性

在农村文化建设上往往看不到直接的经济效益，基层政府和社会团体因而缺乏必要的积极性，导致具体的文化建设工作常常脱离农村社会的实际，不能真正满足农民群众的实际需要，导致流于不切实际的形式和指标，不能够取得实际效果。特别是文化部门在农村文化运行体制中，在没有经济效益的情况下，没有足够的能力和积极性为农民群众提供相关的文化服务，逐渐造成农村文化建设的空壳化和无效性。为此，加强中国特色社会主义核心价值体系建设的最根本渠道，在于以广大农民最关心的问题和现实的利益为切入点，始终围绕满足广大农民的实际需求做工作，在农民群众日常生产和生活的过程中，既发挥农民群众的积极性，又实现经济效益和社会效益，才能真正积极有效地推进社会主义核心价值体系建设。也就是说，在农村社会主义核心价值体系建设中，必须切实以农民群众的切身利益为标尺，以农民的富裕和幸福为追求，贴近实际，贴近农民，既关注农民的物质生活，也关注农民的精神世界，让社会主义核心价值体系真正发挥实际效用。

（三）不断理顺政策引导机制，加强农村精神文明建设的总体规划

构建社会主义和谐新农村必须关注物质文明和精神文明的同步发展。一个充满活力的农村建设应实现经济硬实力与文化软实力的有机结合。然而，当前许多农村地区将新农村建设过于简化为基础设施建设，对农民的价值需求和文化追求关注不足。要推动农村先进文化建设，满足广大农民的精神需求，需要借助社会主义核心价值观的指导作用。为解决新农村建设中经济建设和文化建设失衡的问题，有必要调整政策引导机制。各级政府应统筹安排文化建设，将农村公共文化服务体系纳入经济社会发展总体规划，确保文化建设真正受到重视。农村社会文化体系的构建应成为农村经济社会发展的重要方面。通过优化政策引导机制，加大政府投入，发挥社会组织作用，整合社会资源，确保农村社会基础设施和文化建设的财力、物力与人力的投入，逐步解决新农村精神文明建设中资金短缺的问题。

(四)发掘农民群众潜在创造力,培育农村本土文化和本土人才

农村精神文明建设的规划和发展,必然需要社会主义核心价值观的指导和支撑。真正实现农村经济和文化的现代化,离不开外部社会的影响,离不开外部援助、先进技术的引进,离不开外部文化元素的影响和丰富,然而,仅仅依靠外部不可能完成农村精神文明建设,必须发掘农民群众在文化建设上的潜力和创造力,发挥农民主体的积极性。然而,当前农民在经济和政治上都处于相对弱势,农民群众的主体性地位并没有真正确立起来。对此,应加强政府的主导性作用,激活农民自身的内在创造力,使广大农民群众成为自觉自发的主体,让广大农民群众主动和自觉地践行社会主义核心价值体系,提升每个农民的文化素养,丰富农民群众的精神文化生活,造就现代化的新型农民,促使广大农民群众能够真正成为践行社会主义核心价值体系的主体性力量,并有效提升其主体地位,引导农村民间文化成长,不断发掘具有本土性的农村特色文化,增强农村文化内生增长的动力,把农村的物质文明建设和精神文明建设结合在一起,在提高农民素质的同时,提高农民的经济生活水平。

(五)不断加强先进文化与传统文化、乡土文化的结合,从根本上增强社会主义核心价值观的吸引力

中国传统文化和独具特色的中国农村乡土文化,是中华民族及文化能够不断发展和弘扬的根本性条件,也是社会主义核心价值体系的重要组成部分。由于市场化的不断加深和全球化的不断加剧,当今多元文化不断冲击着农村社会,农村原有的农耕文化正日益被边缘化,在丰富文化生活的同时,也在一定程度上让农民群众的价值观念产生了变化,并让他们感到了困惑和迷茫。中国传统文化蕴藏着丰富的思想果实,积淀深厚,从中国传统文化中继承有价值的文化资源,有效利用这些文化资源,加强中国传统文化的传承和创新,特别是农村乡土文化的继承和创新,能够从根本上增强社会主义核心价值体系在农村的吸引力。在社会主义新农村建设中,要从多角度理解中国传统文化的核心内容,并大力培育社会主义核心价值体系所蕴含的先进的社会主义农村文化,把先进文化建设和弘扬中国传统文化很好地结合起来,打造坚实的社会主义核心价值体系在中国农村的现实基础。

第九章　农村公共安全体系建设

第一节　农村应急管理体制的完善

随着我国社会转型的不断加快和城镇化建设的不断推进,当前,我国农村社会正处于改革发展的重要时期,公共安全问题较为突出,异常自然灾害、各种群体性冲突、安全生产事故和集体上访事件时有发生,严重影响了和谐社会的建设,阻碍了社会主义新农村的建设。所以,积极做好农村社会公共危机事件的预防和解决,不断加强农村应急管理体制的建设,是解决当前农村社会公共安全问题的重要途径。

一、健全农村应急管理体制是实现农村社会稳定的必然要求

农村社会的安定和有序是社会主义新农村建设和农村经济社会发展的基本目标。实现农村社会的安定和有序,必须要抓好农村应急管理体制的建设。社会功能理论认为,社会系统是由许多要素或子系统根据一定结构组成并具有特定功能的有机系统,相对于整体,社会系统的每一子系统作为部分都有着这样或那样的作用,共同保障着社会系统的稳定和秩序。农村应急管理体系作为整体的社会管理系统的一部分,能够有效地处理农村社会各种突发的公共性事件,保障农村社会系统维持平衡状态,并发挥其应有的作用。这就是说,农村应急管理体系能够有效地保障农村社会稳定发展,是农村社会安定和有序的重要保障。

（一）健全农村应急管理体制是维护农民利益,缓和、化解社会矛盾,维持农村社会稳定的需要

近年来,经常发生的土地纠纷以及征地事件等,其引发原因主要是农民享有的土地权利得不到保障以及农民的利益受损。农村利益主体伴随着农村各项改革的进一步深化呈现出多元化的趋势,而导致农民这一弱势群体利益受

损的原因正是产生于各种各样的农村社会矛盾与冲突之中,从而也导致了农村群体性突发事件的发生。他们往往会采取大规模聚集、堵塞交通、冲击政府机关等过激方式,在制度外寻找表达愿望与需求的渠道。农村群体性突发事件是由农村社会矛盾引发的,这会对当地的社会、政治、经济稳定及社会治安产生一定的影响,而且也会对新农村建设以及和谐社会的建设产生威胁。邓小平曾指出,中国大部分的人口住在广大农村,中国稳定与否首先要看农村社会的稳定情况。为了维护农民的合法利益,让广大人民群众在心理上具有满足感和归属感,建立完善的农村应急管理体制是当务之急。通过建立健全预警应急机制,不仅能及时有效地预防处置农村群体性突发事件,还能够成为维护农村社会稳定的重要力量。

(二)健全农村应急管理体制是防范和规避农村社会风险,维护农村社会稳定的需要

德国社会学家乌尔里希·贝克于 1986 年首次在《风险社会》中提到"风险社会"这一词,另外,沃特·阿赫特贝格也指出风险社会产生于不考虑其后果的自发性现代化的势不可挡的运动中,而不是一种选择。农村社会风险的发生不仅会对农村居民的人身安全和财产安全产生重大的侵害,而且威胁着农村社会的稳定和公共利益,这些必然会导致人民的不安。当今农村社会风险大体划分为以下几类:第一,因各种利益矛盾引发的农村群体性突发事件;第二,因突发性流行疾病引起的公共卫生突发事件;第三,农产品的质量安全事故;第四,重大生产安全事故;第五,由生态环境恶化等客观原因引发的农村群体性突发事件。为了提高政府应对突发公共事件的预见能力和事件发生后的应急救治能力,需要由基层政府对各种突发公共危机事件实施管理,这就是农村应急管理的目的。这种管理能在维护广大人民群众根本利益的前提下迅速处理各种风险和危机,从而有利于维持农村社会秩序,确保农村社会的平稳有序运行,所以,在一定程度上可以说,健全农村应急管理体制是防范和规避农村社会风险,维护农村社会稳定的需要。

二、当前农村应急管理体制中存在的问题

复杂多样的社会环境、农村经济社会的转型和发展这两大原因诱发了农村社会中各种不稳定的因素。由于自然因素以及各种人为因素造成的各种突

发事件不断增多,这说明在应对各种突发事件中农村基层组织应急管理存在能力的不足以及体制上的缺陷,也说明在应对突发事件的应急管理中广大农村地区存在着相当多的问题,预防和防范体系建设不足,应急处置突发事件的机制不健全以及对于公共安全的应急管理意识普遍淡薄,这些问题的突出表现就是疏于防范事前,事中处置程序规范性不够,事后反思不够。

(一)应急资源相对分散,应急调动机制整合不够

应急管理工作的基础就是资金、物资、技术、人才等资源,然而这些方面的资源在农村地区相对分散,不能够高效地整合协调这些资源,在发生突发事件之后难以指挥调度。目前,公安、卫生、疾控、地震、林业等部门都建立了一套比较先进的指挥平台系统,但是系统之间各自独立,信息难以共享,更做不到互联互通,这直接导致了建设资源的重复浪费,效率低下,也就导致在紧急状态下无法实现资源共享。

(二)问责和总结机制欠缺

问责与总结机制是为了防止同样的事件再次发生,通过对相关负责人的事后责任追究,及时地进行惩戒和鼓励,以此警戒和激励他人,这不仅是一种事前的预防措施,更是事后危机恢复机制的必要措施。然而,应急管理工作中的问责机制在我国农村地区的实施过程中根本不能很好地发挥其应有的惩戒和激励作用,对于突发事件的检讨和总结也没有积极作用,基本就是形同虚设。近些年来农村群体性冲突事件层出不穷,原因就在于村干部处理问题的方式过于简单和粗暴,从而使得矛盾进一步扩大化,如果在群体性冲突发生后能够积极认真地反思,总结正确的劝导教育方式,就会避免很多同样的群体性事件的发生。

(三)应急管理机制的人才队伍建设不成熟

受"应急管理就是应急处置"传统观念影响,每当我们提到应急队伍,一般都会反应为公安、消防、医疗等应急救援和处置队伍,从而认为应急救援队伍就是应急人才队伍。现代应急管理工作实行"预防为主、预防与应急相结合"的原则,包括预防、准备、监测、预警、处置与救援、灾后重建与评估等一系列的工作,是一种全过程的应急处理,因此建设应急人才队伍除了建设应急救援队

伍,也需要培养应急指挥人才、应急机构工作人员、应急信息人才、安全形势分析与评估人才等相关配套人才。

(四)应急处置和保障机制不完善

遏制各种突发事件及其不良后果发生的关键在于采取一系列强有力的措施对其进行及时有效的处理。在我国农村地区,目前在应急处置突发事件方面还存在着很多问题,一是应急预案不健全,主要表现是与实际相脱节,操作性不强;没有一整套系统的应急预案,应急预案比较散乱,不完备;具有滞后性,大多数应急预案都是在各种突发性事件发生之后才制定。这对于发生的新情况缺乏相应的应变能力。二是应急财政保障不到位,这主要表现在通常是危机发生之后才会对其进行紧急拨款,严重滞后的应急财政保障阻碍了有效迅速措施的实施,还有应急处置的专业队伍建设存在严重不足,由于缺乏专业性人才的指导与咨询,加上大多数配备的成员根本不具备相关的应急处理知识,造成无法成立固定的、长期的专业突发事件应急小组,以及对公众应急救灾处置的宣传教育力度不够,普遍缺乏应对突发公共事件的综合素质与能力,不能开展充分的自救、互救。三是信息网络系统不健全,农村应急处理的基础和前提就是建立有效的信息网络系统,这也是发挥协调联动机制作用的基础,但是在应急管理的信息网络建设方面,目前农村地区依然存在很多问题,比如未能及时地向有关部门发布信息及与农民进行及时有效的沟通,未能准确真实地收集相关信息,这容易造成农民的恐慌与盲动心理,也会造成人心的浮动以及领导的错误决策,最终会使事态的处理变得复杂。四是缺乏协调联动机制,为了有效及时地解决突发事件,很好地实现社会资源的全面整合,不能仅仅由单一部门分散处理和解决,还应当充分地调动广大人民群众和社会积极进行自救,提高农村应急管理的社会动员能力。

(五)农村危机预警机制较为薄弱

农村应急管理工作的关键在于建立有效的危机预警机制。在危机发生之前,预先将各种突发事件的危机和风险纳入日常管理,通过收集和整理相关信息,并执行一些预案,有助于长期控制危机的发生。然而,我国广大农村地区的应急预警体系建设仍需改进。一方面,公众对公共安全的防范意识不足,对危机防控和应急的宣传教育不够,导致基层领导干部和农民群众在突发事件发生时缺乏必要的防备措施和心理准备,从而出现了对预防工作的重视不足,却过于重视农村应急管理的现象。另一方面,应急预案体系的建设存在缺陷,由于缺乏信息网络技术和相关预警技术,即使有些地方成立了常设的应急管理机构,也难以实现准确而客观的预测,因此,在危机真正来临时,各种预案体系难以发挥实际作用,农村基层组织难以有所作为,应急预案的实际意义和可操作性受到质疑。此外,农村应急管理机构缺乏危机监测能力,由于资源设备不足、资金短缺等原因,没有常设的危机监测机构,通常在突发事件发生后才临时成立应急管理工作小组,这对预防和检测突发事件基本上没有实质性帮助。

三、完善我国农村应急管理体制改革的政策选择

(一)建立互联互通各有侧重的应急处置指挥平台系统

一是要全面调查各地的应急资源,并将其记录归档;二是统一调配应急资源,建立完备机制,这样能够保证在平时良好的管理运行,发生紧急状况时及时调用;三是亟待推动建设地方政府的应急指挥平台系统,整合地方各专门应急指挥平台,确定标准,从而保证各专门平台之间以及各专门平台和总指挥平台之间的互联互通、信息共享,这有利于及时迅速并最大限度地保证应急指挥,也有利于提高资源利用率,避免重复建设,节约成本,更有利于增强应急决策指挥能力。

(二)加强事后总结问责机制建设

重视事后的总结和问责是应对薄弱的农村应急管理工作的重要方法,主要有以下几点:第一,要建立严格的责任追究与处理机制,严格规范领导干部失职行为的责任追究,在一定程度上对与事件有关的责任者进行处理;第二,成立专门的事件调查评估小组或者评估机构,找出事件发生的准确原因,认真界定其责任和性质;第三,农村地区的基层组织要认真、全面总结事前预警、事中处理、事后恢复的阶段经验,不断完善农村应急管理体制,从而进一步完善农村的应急管理工作;第四,发挥媒介和农民群众的监督作用,明确界定其行政职责,保证其在自己的权力范围内行使,防止互相推诿和权力滥用。

(三)加强应急管理人才队伍的建设

首先,树立全面系统的应急管理人才队伍建设的理念,应急人才队伍不仅包括救援队伍,还包括预防、准备、监测、预警、灾后重建与评估、应急指挥、应急协调等方面工作的人才。其次,做好应急管理人才队伍的规划,这是个长期复杂的任务,不仅要根据具体情况来做,而且目的在于保证不同方面的人才结构合理、有序发展,只有引进培养以及实际运用好人才才可能做到得心应手。再次,根据不同的人才培养的要求制订相应的培训和教育方案,只有这样分门别类地实施培训,才能较好地提高培训的效果。

(四)建立健全突发事件应急处置与保障机制

对于事件的预警防范是在事发前,是日常处理常态化的,但这并不意味着所有的突发事件都可以做到事先预测。一旦突发事件出现,考验的往往是我们的应急处理能力,积极、有效地处理往往会使事情变得简单,从而把事件影响化解到最低。建立健全应急处置与保障机制就显得尤为重要,首先,动员各方面力量积极参与合作,这不仅可以降低政府对突发事件的处置成本,而且可以在社会范围内集思广益,极大提高应急处理的效率。一是提高农民自身应对公共危机事件的能力水平,鼓励他们开展自救、互救,这需要积极对农民进行应急救灾知识的普及,以提高他们的应急处理能力;二是发挥村民委员会在事件中的积极作用,各种突发事件发生时,村委会往往是处于风口浪尖的,政府对突发事件的救治措施往往会第一时间下达到村委会;三是大力发展农村非政府组织,加强农村非政府组织建设,非政府组织在突发事件中往往能够很好地成为政府的补充。其次,积极构建信息公开与沟通机制,要真正发挥各类媒体的监督和宣传作用,及时准确地通报正在发生和已经发生的各类突发事件和群体事件的真相及善后进展情况,保障农民群众的知情权,严厉打击谣言和虚假信息的传播,同时,根据报告制度的规定和相关要求,基层组织必须及时有效地和上级政府及主管部门进行沟通,协调各有关部门,实现信息和资源的有效配置。再次,建立应急处理统一指挥与综合协调机制,首先要建立一个统一的应急处理指挥中心,作为整个应急管理系统的神经中枢,在突发事件来临时指挥中心不仅能够做出决策,同时能够根据决策对整个突发事件进行行之有效的统一领导和指挥;二是完善应急预案,应根据以往应急处理的经验与教训,制定系统的并且可行的应急预案,并在随后的实际工作中不断给予修正,增强其可操作性;三是建立健全综合协调机制,使各部门之间能够密切配合、共同参与事件的处理。最后,完善财政应急反应和保障体系,突发事件的预防、处理和善后过程中,不仅需要完备的应急反应和处理机制,而且需要在突发事件来临时,当地政府能够调动足够的财力和储备资源,对处理突发事件和相似的其他事件提供必需的条件和支持,这要求我们必须做好农村应急事件和突发事件处理所需要的资金储备,建立专用专项基金和财政预算,专门用于购买各种物资设备和调动各种资源。与此同时,必须做好对专项基金和预算的监督管理,保证专款专用,不扣押挪用。

(五)完善农村危机应急系统

首先,需要构建一个健全的农村应急监测体系,以实现高度警惕、加强防范和精准分析的危机预警监测。为了让政府将其纳入日常管理,必须充分利用各种技术和渠道。其次,需要加强农村应急预案体系的建设,确保其符合本地实际情况,并具备高效、科学和可操作性。为此,我们需要识别所有可能引发突发事件的因素,并认真分析可能产生的不良后果。根据《国家突发公共事件总体应急预案》的精神,针对不同后果制订相应的计划和安排,以及处理这些后果所需的资金、时间和相关人员与技能,以便根据实际情况随时进行调整。最后,我们需要增强危机防范意识,加大对农村干部和群众的危机防范宣传教育力度。为了防患于未然,我们必须具备危机防范意识,加强日常预案演练,深化危机意识,提高农村地区应急队伍的实战能力。这种演习是不可或缺的,也是应急预案顺利实施的必要环节。

第二节　农村安全生产体制的完善

农村安全生产工作关乎的不仅是农业经济发展和农村社会稳定,更事关广大人民群众根本利益、全面建成小康社会和社会主义和谐社会发展。但农村生产受自身条件、特点等所限,自然突发灾害因素多、影响大,从业人员自身生产力水平较为低下,缺乏自我保护意识以及自我保护能力,农村生产配套设施相对缺乏,基础设施建设较差,监管部门难以企及,导致了农村安全生产工作具有长期性、艰巨性、复杂性等特征。这就要求我们必须从多个方面,系统全面地探索农村安全生产的途径和办法,通过提升农村生产基础设施建设、加强重点工作和薄弱环节、完善农村安全生产体制、构建农村安全生产长效监管机制,把农村安全生产工作提到一个新的水平。

一、农村安全生产的现状

农村安全生产工作开展几年来,在一定程度上取得了较为明显的成效,农村生产特大、重大事故发生率下降明显。农村安全生产形势有所好转,离不开以下工作的开展:

第一,狠抓薄弱环节,积极开展事故多发行业和关键环节的专项整治。通过对相关生产人员的培训以及对重点行业的监管整治,提高农村生产人员的生产力水平,有效降低事故发生率和损失程度,使得农村安全生产状况在根本上有了改善。

第二,狠抓依法管理,注重加强农村安全生产的法规、规章和制度的建设工作。农村安全生产工作需要做到有法可依、有章可循,完善法规、规章和制度既是安全生产自身的要求,同时也是促进安全生产管理工作规范化、制度化的必由之路。

第三,明确职责任务,建立健全农村安全生产工作管理体制。首先要建立健全覆盖县、乡、村等层面的监督管理机构,配备专业的从业人员,以保证安全生产工作中相关部门的沟通联系,并对各自的职责任务和工作思路进行了进一步明确。

第四,完善安全生产事故报告制度,加强事故跟踪和反馈工作。一方面这项工作是国家关于安全生产事故报告的要求,另一方面这项工作是为了更加准确及时地了解农业行业安全生产事故情况。

第五,落实方针政策,加强农村安全生产工作的指导和监督。一是积极用方针政策引导农村安全生产工作的开展,二是加强农村安全生产工作的监督和管理,完善经常性的安全生产检查,促进各项安全工作落到实处。

尽管我们取得了一定的成绩,农村安全生产形势在整体上稳中有升,但是我们仍要清晰地认识到,农村安全生产工作受多种因素的制约影响,自然因素、从业人员素质、制度因素、监管因素,这些特点决定了农村安全生产工作的复杂性和特殊性。当下农业生产中的众多安全隐患仍旧不容忽视,重、特大事故时有发生,伤亡事故发生率仍然较高,农村安全生产形势仍旧不容乐观。导致一些安全事故发生的原因主要有以下几个方面:

第一,正常的执法监督体制不畅通,安全生产责任制度不健全,各项工作不能有效推进。部分地方和单位将上级对其安全生产的要求停留在文件上、口头上,没有落到实处。在安全生产的实际工作中,还存在着搞形式、走过场,以会议贯彻会议,以文件贯彻文件,没有将工作落到实处。有的管理部门尽管对生产单位的事故隐患也发了整改通知,但忽视了督促落实,导致隐患长期存在,却迟迟得不到整改。许多行业的安全生产管理体制没有形成有效的管理思路,既容易与公安、交通部门有交叉,又容易形成一个管理的"盲区",造成"三不管"的现象。

第二,农业从业人员安全生产知识比较欠缺,整体素质较低。农业从业人员往往学历较低,很多从业人员没有经过安全生产知识教育和培训,缺乏基本的安全技能和意识,在生产活动中极易出现盲目蛮干、违规操作、违章作业等事故隐患。

第三,思想上重视不够,同时资金投入严重不足。一些地方的部门和人员对农村安全生产不够重视,存在麻痹大意、侥幸思想,一些生产企业只看到眼前利益,见利忘义,要钱不要命,长期拖欠对安全生产设施的建设和投入,致使安全生产设施缺失、老化,事故隐患长期存在。

第四,安全生产规范和制度缺失,具体执行有诸多困难。有些法规随着形势的发展,其不合理性显得越来越突出,对处理当下安全生产中出现的新问题已显得越来越乏力,现有的一些法规覆盖范围不够全面,安全生产管理中还存在着死角。

第五,在事故的处理上缺乏时效性,并没有认真总结经验教训。有些地方或行业发生安全生产事故,相关责任人员故意拖延、漏报、少报或隐瞒不报,没有及时上报事故情况,严重影响了上级对事故情况的了解和调查处理工作。

二、加强重点工作和薄弱环节,完善农村安全生产体制

农村安全生产工作要继续遵循"安全第一,预防为主"的八字方针,促进行业安全生产的指导、协调和监督工作稳中提升,保障农村安全生产工作上台阶、上水平,力争实现农村安全生产状况的进一步好转。

一是要加快农村安全生产规章制度和检验标准的建设和完善工作。对于不能适应当下形势需要的规章制度要尽快予以修改完善;对于当下出现的新问题、新情况,原来没有规定的,要尽快进行制定和补充。通过对各项工作制度的完善和发展,使农业行业的安全生产工作更加制度化、规范化,同时,对抓制度和标准建设多、抓贯彻落实少的"一手硬、一手软"的现象进行有效的遏制。

二是为了提高农业安全生产水平,首先需要强化对农业行业从业人员的管理和培训。结合农业行业的特殊性应建立相应的就业准入制度,从根本上规范用工制度,加强对劳动用工,特别是临时用工的管理。同时,应积极推动农业各行业安全生产知识和相关法律法规的培训工作,以提升农业行业从业人员的安全生产能力。针对特殊工种和关键岗位的工作人员,务必实行持证上岗、规范上岗制度,确保他们在具备专业知识和技能的基础上开展作业。通过这些措施的实施可以有效地降低农业安全生产事故的发生,保障农民的生命财产安全,促进农业生产的可持续发展。

三是为了更好地推进农村安全生产工作,需要不断优化工作体制,明确各个部门和岗位的职责。通过持续协调努力解决行业管理中存在的功能交叉和职能死角问题,确保各个环节权责清晰。在具体执行过程中,我们要明确各项工作的重点,合理分配岗位职责,完善管理体制,并规范各项工作流程。此外,我们还要重视人力、物力和财力的管理,确保资源得到合理利用,从而切实加强农村安全生产的管理工作。通过这样的措施可以提高农村安全生产水平,保障农民的生命财产安全,促进农村地区的可持续发展。

四是要继续加强农业安全生产的宣传与教育工作。利用广播报纸宣传栏等载体,结合农业生产的特点,积极配合整治,搞好舆论宣传工作,大力宣传党的安全生产方针和国家安全生产法律法规,使农业行业安全生产方面的规章

制度、安全生产知识深入人心。

五是要切实加强事故报告工作。根据国务院安全生产委员制定的农业行业安全生产事故报告制度，要及时根据自身情况调整工作力度，保证事故报告的及时、准确、全面以及事故报告渠道的畅通。

六是要不断抓好重点环节和重点行业的安全管理和生产。重点行业、薄弱环节始终是农村安全生产管理中的重中之重，既要从制度上管理，又要从日常管理中预防，要按照规定的质量标准和安全规程，进行严格的审验把关，切实加强对安全生产设施的建设和管理，加强对安全生产隐患的治理整顿和检查，根据各自行业的特点积极地开展安全生产工作。

三、着力构建农村安全生产长效机制

建立农村安全生产长效机制，既不能单单依靠政府一蹴而就，也不能指望当下工作的一劳永逸，要通过政府、企业、从业人员、中介机构以及其他社会力量的共同合力，通过农村安全生产的制度化建设、规范化管理、安全文化培育等措施，建立一种推进农村安全生产正常运行，长期、持续、稳定改善农村安全生产状况的科学有效机制，贯彻执行"安全第一、预防为主、综合治理"的基本方针，提高监督管理效能，建立健全监督管理体系，构建支撑保障体系，实现全国农村安全生产状况的稳定好转。

构建农村安全生产长效机制，要求明确坚持围绕农村生产与发展的中心工作，根据我国农村社会和经济的实际情况，建立与实际契合的农村安全生产监督管理体系，保证农村各项管理规定的统一，各机构的职权明确，实施和监督有力，工作和效果落到实处，真正保障农村安全生产持续长期稳定。

构建农村安全生产长效机制，必须坚持和贯彻以下原则：

一是重心下沉，政府主导。因为农村安全生产复杂性、艰巨性和长期性的特点，在政府主导予以推动的同时，应充分调动农业生产经营主体等方面的积极性，坚持纵向到底、横向到边、重心下沉、防线前移，将农村安全生产工作向农村延伸，向生产第一线延伸，拓展农村安全生产工作的深度和广度。

二是立足当前，着眼长远。既要考虑到当前农村安全生产形势依然严峻的现实，又要充分认识到农村安全生产工作的长期性、复杂性和艰巨性。在总体设计上，兼顾中长期发展目标及解决影响当前农村安全生产中存在的矛盾尖锐、反映强烈的突出问题。

三是整体推进,分步实施。规划总体方案,有步骤做好宣传和教育工作,理顺农村安全生产监督管理体制,不断加强农村安全生产的规范性建设,加强农村安全生产队伍建设,完善各项法律法规和制度,建立第三方安全监督体系,保障监督的多元化和制度化,明确职责任务,建立科学的预警机制和高效快速的应急反应系统,全面保障农村生产的安全与稳定。

四是先易后难,重点突破。扎实和牢固的安全生产基础工作,必须要求有求真务实的工作作风,真正解决农村安全生产基础工作欠缺、能力不足和监管不力等问题,需要在工作中结合农村安全生产工作实际,循序渐进、先易后难,首先解决达成共识的问题,对当前存在争议的问题,尽量争取在发展中逐步解决。

安全生产至关重要,责任重于泰山。推进农村安全生产要从源头治本、政策根治入手,尽可能防患于未然。当问题发生时,必须迅速、有效、妥善解决,综合应用各种手段,尽快解决影响农村安全生产的深层次矛盾和问题,加强安全生产的法制化、制度化建设,当前,需要重点抓好以下几方面的工作:

第一,不断加强农村安全生产的宣传教育和相关制度建设。加大农村安全生产宣传力度,利用各种媒体,全面宣传贯彻国家关于安全生产工作的方针政策,普及安全生产法律法规和安全理念、安全知识。将安全教育培训纳入农村安全生产整体规划,加强农村安全生产教育培训基础建设与体系建设,开展多个层次、多种形式的安全培训活动,解决农业从业人员多、分布广、安全意识不强等问题。健全农村安全生产教育培训机制,实行岗前培训、在岗培训、资格认证培训和继续教育培训相结合,全方位提高安全意识,增强监管能力。

第二,继续加大对农村安全生产的财政和资金支持。将农村安全生产的专项资金纳入总体规划,建立专门预算和审计。不断加强农村安全生产的基础条件和设施建设,利用政策优势,加强引导农村各种社会组织,加大安全建设的投入,保障生产作业环境的安全,切实提高农村安全生产保障的水平。设立农村安全生产科技专项基金,组织力量对农村安全生产领域的重大工程技术和共性管理难题开展科研攻关。

第三,加强和完善农村安全生产制度体系建立。通过建立健全有关法律法规,明确农村安全生产监管执法主体、执法权限和执法程序,解决农村安全投入、农业生产经营单位责任、安全事故保险、伤亡赔偿等问题。制定各行业安全生产标准,推进安全质量标准化管理与职业安全健康先进管理模式的实施,通过推动试点工作的开展,逐步形成完整的农村安全生产标准体系。

第四,不断加强建设和完善农村安全生产预防体系。通过各部门协调,加强气象预报的准确性和地域具体化,研究建立专门为农业生产提供准确和具体信息的自然灾害预报系统,根据《国家突发公共事件总体应急预案》的具体要求,实施动态预警机制和分级别报告机制,完善农村安全生产事故处理和善后影响的统计与分析工作,建立专门数据库,提高农村安全生产工作预警、处置和善后工作的可预计性,不断加强对安全生产各环节的监控和重点治理,有效监督和保障安全生产防范工作的顺利进行。

第五,不断完善农村安全生产监管体系。进一步明确农业行业安全监督管理机构的性质和职责,严把人员管理。通过加强业务培训,提高监管机构人员的整体素质,实行高风险生产经营主体(从业人员)生产许可管理制度,逐步实行资格认证制度。对农业行业重大危险项目、环节进行重点排查、登记、申报、防范、监控,拓宽管理方式方法,建立举报和投诉奖励制度。

第六,不断加强农村安全生产应急救援体系建设。以现代化通信手段为依托,建立协调畅通、安全可靠的农业应急管理指挥网络。一方面通过整合、优化各种应急救援资源,充分发挥各种应急救援力量的整体效能,努力形成各部门之间相互协调、统一指挥的工作机制;另一方面以现有救援力量为基础,加强专业救援队伍建设,通过改善装备和设施、加强训练和管理等措施,尽快建立一支一专多能、平战结合、应急救援能力强的专业队伍。

第三节　农村社会治安管理体制的完善

农村社会的安全是农民群众的基本需求,农村治安问题是农民群众最关心的问题之一。农民只有能够在广大农村安定居住,才能够在农村乐业,才能够建设社会主义新农村,所以,良好的农村社会治安是构建社会主义新农村的前提。目前,我国农村社会治安仍然面临着一系列突出的问题,这需要我们充分认识到创造农村良好治安环境的重要性,提前防范,综合治理,不断加强农村社会治安管理体制建设。

一、加强农村社会治安管理的重要性和原则

为了打造和谐稳定的农村社会治安环境,我们需要从多方面加强新农村

建设中的治安防范与控制工作。这不仅有助于维护广大农村地区的和谐与稳定,还对建设社会主义新农村具有重要的现实意义。农村社会治安问题直接影响了农民的生产和生活秩序,对经济和社会发展造成了严重损害。更为严重的是,它导致了农村社会风气的败坏,削弱了农村基层政权组织的权威和控制能力,损害了党和政府在人民群众中的威信。因此,解决农村社会治安问题势在必行。

我国农民数量庞大,他们为经济和社会的发展注入了活力。保障农村的稳定,关系到整体发展的稳定。农村社会治安状况对国家经济和社会的安全与稳定具有重要影响,关系到中国特色社会主义建设的未来与成败。因此,我们必须共同努力,创建安全稳定的农村社会治安环境。这需要党委和政府总揽全局,各部门协同一致,全社会共同参与,加强综合治理,全力保障农村社会治安稳定,为建设社会主义新农村服务。

(一)不断加强全局观念,全面推进农村社会治安建设

坚决避免就防范而防范、就打击而打击的消极懒惰思维,坚持习近平新时代中国特色社会主义思想,牢固树立社会"大治安"的大局理念,要以统筹协调的方法,整合多个资源的方式,运用多种手段来整体推进实现目标,重点围绕政治稳定、治安安定、公共安全三方面的工作目标,坚持党政的统一领导,发挥各职能部门在加强新农村建设的治安防范与控制中的职能作用,多管齐下,运用多种手段,从思想观念、运行机制、力量配置、工作措施等方面入手,扎实推进农村社会治安防控体系建设,着力维护农村社会政治稳定。

(二)不断加强法治观念,依法治理广大乡村社会

政治稳定的社会必定是一个法治的社会,当下农村工作法治化水平的低下和农民法律知识缺乏的现状,比社会行政管理功能弱化造成的危害更加严重。坚持社会主义法治理念、为新农村建设创造良好的治安环境成为了建设和谐新农村首要解决的问题。将依法治理乡村的方针贯彻落实,开展以"民主法治村"创建等为载体的乡村活动,扎实有效地提高农村工作法治化水平,并以此推动农村治安的良性循环。

(三)加强城乡协作,做好城乡互动

随着城乡一体化趋势的进一步加快,各类违法犯罪活动在城乡接合部跳

跃发生,城市与农村接合部社会治安的相互渗透、相互影响的趋势将更加明显,因此,应从全盘考虑农村治安工作,避免因农村而抓农村,特别是人口流动量较多的地方,要进一步完善流动人口双向管理机制,切实把城乡跳跃人员管住管好。

(四)不断加强农村公安基础力量的能力和重要地位

农村派出所是公安机关维护农村治安的首要力量,是治安防范与控制的第一道大闸,是维护社会稳定和治安稳定的最基础与最前沿。农村派出所在稳定农村治安中起到的是中流砥柱的作用,应当在充分发挥农村派出所主导作用的前提下,促进农村社会的和谐稳定。同时还要结合新农村建设的实际,逐步加大农村派出所警力的投入力度和辐射力度,切实提升农村派出所综合实战能力。

二、农村社会治安存在的问题

当前,农村社区化建设、城镇化建设总体趋势是好的,但不容忽视的是,农村的社会治安形势依然严峻,盗窃、抢劫、诈骗等案件时有发生,故意伤害等刑事案件使得群众对自身的人身安全产生很大担忧,黄、赌、毒案件向农村社会侵蚀,使农村原有的精神文化遭到破坏,严重影响了农村的社会稳定。

第一,部分农村黑恶势力较为猖獗,严重危害社会治安。部分农村中还存在着较为严重的黑恶势力犯罪,严重危害了农村社会治安,这些黑恶势力大多横行乡里,侵蚀部分地方党政机关,导致党和政府的形象受到严重损害,有时严重影响农业生产和农村社会的稳定。

第二,农村各种社会矛盾引发的群体性事件在不断增多。农村土地流转和拆迁征地,各种土地承包和土地边界划分,农村集体公共收益的分配和集资摊派,农村工业项目对农田的污染和赔偿等,都直接关系到广大农民的切身利益,这些事情的处理较为复杂,稍有不当,就会引起群众不满,导致较为严重的群体性事件。

第三,部分农村地区邪教活动猖獗,封建迷信盛行。一些邪教组织充分利用农村教育水平较低的现状,不断扩大在农村的活动范围。这些邪教组织散布谣言,发展会员,诈骗钱财,蛊惑人心,甚至残害生命,而一些封建迷信活动在农村也有日渐抬头的趋势,动摇了农民对党和政府的信任、对科学的信仰,转而祈求所谓的神灵给予保佑,严重影响了农村正常的生产活动,严重的甚至发生生命惨剧,损失惨重。广大农村,特别是相对偏远落后的地方,农民知识水平低下,对封建迷信和邪教缺乏基本的辨别力,非常容易受骗。

第四,盗窃等侵犯他人财产的犯罪发案率有不断上升的趋势。法律意识的缺乏以及对高物质生活水平的要求使一部分村民尤其是农村中的青少年对于物质追求的心理预期不断攀升,人生观、价值观、道德观在一定程度上被"金钱至上"所扭曲,把对物质利益的获取作为自己的唯一目的。从手段方式上看,主要表现为抢劫、盗窃、诈骗;从对象上来看,除农户畜养的牲畜和农用物资外,家庭所有的贵重物品、机动车辆也是不法之徒下手的对象,并且农村市场销售渠道畅通,销赃远,隐蔽性强,给案件的侦破造成了极大的阻力。

第五,农村民事争议案件频繁出现。这些争议可能源于日常琐碎所引起的,如由于债务导致的争端,由于家庭中的婚姻、赡养老人以及财产分配等问题引发的争端,也可能由于道路建设、住宅土地以及灌溉施肥等方面引起的争议。此外,由于贫富悬殊以及宗族冲突导致的心理仇视,这些都对农村社区造成了严重的影响。

第六,蓄意破坏农村水利设施和电力设施。危害农业生产的犯罪时有发生。农村的基础设施是集体财产的一部分,是农业生产的基础,事关农业生产能否顺利开展,但是一些不法分子却将作案目标瞄向了这些农业基础设施,这一类的犯罪行为损害的不仅是集体的公共财产所有权,更为重要的是对公共安全和农业生产经营的破坏。

三、加强农村社会治安的综合治理,完善管理体制

农村社会治安问题必须作为工作的重中之重,只有妥善解决,才能保障社会稳定,保证社会主义新农村建设。农村社会治安问题不仅仅是体制和制度的问题,更是一项长期性、综合性的问题,所以,必须从全方面、多渠道入手,用综合治理的方式完善管理机制。

(一)不断加强农村思想道德建设和法治建设

加强农村法律宣传和思想政治工作,提高农民的法律意识、法律觉悟,既是开展社会主义新农村建设的基本要求,也是维护农村社会治安的一剂良药。利用农闲时节召开法律知识讲座,普及法律知识,通过村级广播介绍常用的法

律常识或以案说法,重点宣传《义务教育法》《刑法》《治安管理处罚法》及信访条例等与群众生产生活密切相关的法律法规;在村头寨尾、村民群众生产生活聚集地建立农村普法宣传专栏或板报,专人负责定期刊出与村民生产生活密切相关的法律知识和案例,对农民群众进行普法宣传;经常性开展农村"五好"家庭户等评选活动。多措并举、多管齐下,营造安定、团结的社会环境,以保持农村稳定的治安秩序,创建和谐的社会主义新农村。

(二)不断提高农村村委会工作能力,加强自身能力建设

必须提升农村基层干部的执政能力,增强他们的法律意识和政治素养。农村基层干部需要主动构建和完善村务民主制度,不断扩大村民参与决策的途径。在任何一个乡村,无论是重要的政治议程还是群众关心的问题,都需要向群众公之于众,并且通过民主决策决议的方式做出决定。若发现大多数群众遇到不满意的事情时,就需要及时改正;根据既定程序对广大民众反映强烈的村干部进行审查;降低上访以及群众群体事件的发生概率;为了农村的安全建设,需要创造一个有利于村民参与政治的外部环境并提供优质的制度保障。

(三)不断加强和巩固乡村基层干部队伍建设

需要通过深入培训干部,以提升干部工作水平和工作素养,有效地优化党员与民众的互动,进一步提升基层领导团队的公众认可度与团结精神,完善并执行乡镇治安委员会的各项工作规章。需要进一步强化管理能力,充分利用能力来解决问题、保持社区的稳定。根据"谁主导,谁负责"的准则,需要将职责明确地划归给每一位员工,构建完备的乡镇争议调停体系,从而有效地消除问题,确保社区的基础稳定。在乡下设立一个由资深的村委会成员构成的民意调查机构,以便能够有效地处理和解决社区中出现的各种问题。

(四)加大力度查禁和打击封建迷信与反动邪教

必须按照党的宗教政策方针,根据国家法律法规、"保护合法、制止非法、打击犯罪、抵制渗透"的指导原则,坚定地阻止非法集会活动。在封建迷信、反动邪教活动猖獗的地区,要及时组织力量开展专项斗争,对其实行零容忍的态度,依法取缔封建迷信活动,严防封建活动对农村宗教、基层党政组织的影响。积极在农村召开科普大会,利用典型案件揭露邪教组织的反动本质和危害性,

使民众从意识上提高对邪教和非法宗教的警惕性,自觉抵制邪教和非法宗教活动。

(五)不断加强扫黑除恶和遏制犯罪的力度

必须遵循露头就打、除恶务尽的原则,坚决阻止农村的黑恶势力犯罪活动的猖獗势头,对那些一直犯罪、无法改正错误的主要犯罪者,必须根据法律进行严厉惩罚。并且必须打击制造假冒伪劣农产品的人。依法处置制售假的农药、种子和化肥,以此来伤害农民并威胁到农业的正常运营的个人和团体。保护农民的正当权益,加强对农村黄赌毒违法犯罪的打击,确保乡土文化产业持续稳定发展。

(六)加强群众路线教育,切实改善干群关系和警民关系

应该坚持以群众为主体,深化与群众的紧密联系,坚守对群众的信任,并且在群众的帮助下积极投身于公共事业。应该以人民的利益为出发点,通过提升公共道德的教育,优化公共关系和警民关系,以此有效地处理各类问题,确保农村的社会稳定。应加快建立并优化群防群治组织,积极推进群防群治工作与活动,以此建立一个能够确保乡村社会稳定的公共及社区网络。

参 考 文 献

[1]王继华.现代农业经营管理操作与实务[M].北京:中国农业大学出版
    社,2012.

[2]《现代农业经营与管理》编写组.现代农业经营与管理[M].南京:江苏人
    民出版社,2011.

[3]朱信凯,于亢亢,等.未来谁来经营农业:中国现代农业经营主体研究[M].
    北京:中国人民大学出版社,2015.

[4]刘志.现代农业生产与经营[M].北京:中国农业科学技术出版社,2014.

[5]宋士云,公维才.中国农业现代化 与农村发展[M].长春:吉林大学出版
    社,2006.

[6]高杨,王寿彭,韩子名.农业数字化与新型农业经营主体发展[J].中南财经
    政法大学学报,2023(05):108-121.

[7]米甜."双规模化"推动农业规模经营的内在逻辑及实现路径[J].农村农
    业农民(A 版),2023(09):25-28.

[8]何佳旻.信阳市浉河区新型农业经营主体发展存在的问题和建议[J].河南
    农业,2023(25):7-8.

[9]丁红波.濮阳县农业产业化经营的实践路径[J].河南农业,2023(25):
    45-46.

[10]王玉.数字金融对新型农业经营主体融资创新的激励效应研究[J].农业
    与技术,2023,43(16):149-152.

[11]房绍坤.农村集体产权制度改革的法理阐释[M].北京:中国人民大学出
    版社:2022.

[12]文余源.城乡一体化进程中的中国农村社区建设研究[M].北京:中国人
    民大学出版社:中国经济问题丛书,2021.

[13]曹贤信,何远健,左群.农村基层治理法治化的理论与实践[M].南昌:江
    西高校出版社:2018.

[14]罗静.中国农村集体经济发展困境及治理研究[M].成都:四川大学出版社:2014.

[15]于战平,李春杰.都市农业发展与乡村振兴[M].天津:南开大学出版社:,2021.

[16]刘世蓉.德阳市旌阳区新型农业经营主体发展现状与思考[J].四川农业与农机,2023(04):64-66.

[17]周广硕,李睿涵,李欣莹,等.新型农业经营主体绿色生产意愿的影响因素分析——以山东省为例[J].农产品质量与安全,2023(04):94-99.

[18]田松旺.新型农业经营主体在农业经济发展中的作用[J].山西农经,2023(14):55-57.